THE AWESOME WORD SEARCH ACTIVITY BOOK FOR MINECRAFTERS

100+ Puzzles for Hours of Fun

Sky Pony Press
New York, New York

HOW TO USE THIS BOOK:

Find the hidden words in the puzzle and circle them. Words can be vertical, horizontal, diagonal, and even backwards!

Sky Pony Press books may be purchased in bulk at special discounts for sales promotion, corporate gifts, fund-raising, or educational purposes. Special editions can also be created to specifications. For details, contact the Special Sales Department, Sky Pony Press, 307 West 36th Street, 11th Floor, New York, NY 10018 or info@skyhorsepublishing.com.

Sky Pony® is a registered trademark of Skyhorse Publishing, Inc.®, a Delaware corporation.

Visit our website at www.skyponypress.com.

10 9 8 7 6 5 4 3 2 1

Library of Congress Cataloging-in-Publication Data is available on file.

Cover artwork by Grace Sandford

Interior illustrations by Amanda Brack

Book design by Noora Cox

Print ISBN: 978-1-5107-6765-2

Printed in China

RESOURCES GALORE

D	L	V	B	P	J	B	L	Y	Y	E	R
I	G	T	D	S	L	D	T	Y	N	P	R
A	N	L	L	A	T	T	L	O	R	D	X
M	D	Q	O	B	M	O	T	Z	X	L	E
O	J	C	M	R	W	S	N	K	M	N	N
N	Y	P	Q	X	E	P	Q	E	O	R	D
D	Y	Q	W	L	M	D	G	T	B	D	K
S	P	J	B	O	L	L	S	J	W	Y	Y
K	R	B	B	O	O	D	I	R	O	N	Q
R	O	M	G	W	E	D	D	L	K	K	L
C	M	M	D	R	T	Y	G	Y	N	V	G

WOOD
COAL
STONE
IRON
GOLD
DIAMONDS
REDSTONE
COBBLESTONE

SWORD ENCHANTMENTS

B	J	P	S	L	N	B	T	Y	M	T	M	Z	D	N	D	K
D	A	V	W	B	R	L	C	S	M	I	T	E	G	B	T	D
M	T	N	E	X	D	Z	E	B	J	N	Q	N	W	T	M	R
D	W	K	E	G	B	Z	P	K	N	N	I	D	N	Q	N	Z
B	P	V	P	O	X	W	S	R	C	K	X	T	Z	Y	V	N
J	N	G	I	Q	F	W	A	J	A	A	G	P	J	B	L	K
N	T	L	N	R	P	A	E	E	J	L	B	L	T	K	G	Z
J	B	J	G	M	R	P	R	W	T	S	N	K	D	G	M	M
Q	B	N	E	P	N	B	I	T	H	T	P	W	C	R	G	D
B	D	M	D	X	N	Z	F	A	H	L	B	Y	R	O	M	K
P	M	X	G	U	M	B	R	T	R	R	O	R	V	M	N	G
K	X	G	E	B	T	P	W	J	Y	T	O	O	D	N	T	K
M	M	D	D	L	N	X	P	T	R	R	Q	P	T	M	N	G
L	D	T	T	E	Q	Q	Z	T	J	Y	B	J	O	I	B	M
L	D	Z	S	Y	G	G	L	D	X	Z	V	L	P	D	N	P
T	W	S	D	Z	R	W	R	J	K	Y	W	N	Z	M	S	G

BANE OF RTHROPODS
LOOTING
EDGE
FIRE ASPECT
SHARPNESS
UNBREAKING
KNOCKBACK
SMITE SWEEPING

ARMOR ENCHANTMENTS

B	L	A	S	T	P	R	O	T	E	C	T	I	O	N
Z	J	Q	R	E	K	L	A	W	T	S	O	R	F	G
S	L	U	Z	N	R	G	L	Y	K	W	S	X	N	L
N	B	A	D	Z	O	B	L	P	L	O	R	I	W	B
R	D	A	M	E	Q	I	L	J	U	Q	L	X	P	Y
O	X	F	G	D	P	X	T	L	X	L	L	R	K	P
H	V	F	J	R	B	T	S	A	A	L	O	Q	D	P
T	P	I	J	L	T	P	H	F	R	T	B	B	J	Z
M	M	N	N	M	E	Y	R	S	E	I	D	M	T	G
J	X	I	Y	E	V	E	P	C	T	P	P	L	D	T
R	W	T	D	Y	H	J	T	L	J	R	P	S	N	L
M	Q	Y	M	T	M	I	K	Q	L	Z	I	K	E	J
L	R	W	A	K	O	N	T	Z	Z	T	D	D	Y	R
T	B	E	Y	N	Q	B	M	B	R	R	R	K	E	N
L	F	B	P	D	N	W	Y	T	M	R	L	W	J	R

AQUA AFFINITY
FEATHER FALLING
RESPIRATION
BLAST PROTECTION
FROST WALKER
SOUL SPEED
DEPTH STRIDER
PROTECTION
THORNS

CROSSBOW AND BOW ENCHANTMENTS

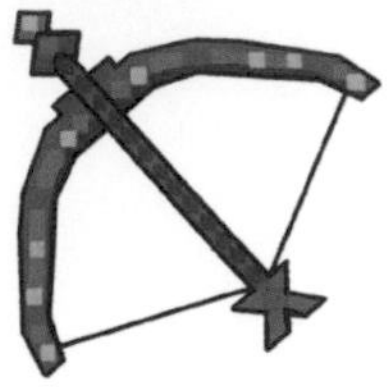

U	B	P	V	L	Y	V	D	Y	T
N	N	L	O	D	Z	G	D	O	Q
I	K	B	T	W	Y	V	H	N	G
N	Q	Y	R	D	E	S	X	N	N
F	J	R	M	E	I	R	I	G	L
I	P	T	M	T	A	C	M	H	M
N	Y	A	L	K	R	K	C	V	D
I	L	U	P	E	Q	N	I	X	N
T	M	Q	I	D	U	M	Q	N	D
Y	P	P	D	P	T	Q	J	T	G

FLAME

INFINITY

POWER

PUNCH

UNBREAKING

MULTISHOT

PIERCING

TOOLS FOR MINECRAFTERS

F	I	S	H	I	N	G	R	O	D	M	W
X	N	T	B	P	S	B	K	Q	Z	J	Z
K	Q	B	R	I	Y	H	D	R	R	S	G
G	V	M	L	C	R	G	E	G	S	Q	M
K	B	Z	T	K	L	N	V	A	B	D	L
R	C	K	D	A	E	L	P	U	R	E	M
Q	M	O	H	X	L	M	C	T	V	S	N
D	Y	O	L	E	O	K	B	O	R	D	N
N	E	T	M	C	E	L	H	Z	V	X	V
X	M	D	V	T	Z	S	D	D	V	W	P

SHEARS	SHOVEL	FISHING ROD
BUCKET	CLOCK	HOE
PICKAXE	COMPASS	LEAD

ARMOR 101

L	M	N	R	Y	J	X	L	Y	M	L	C	T
R	E	H	T	A	E	L	D	Z	Z	H	U	K
L	T	L	W	X	D	M	G	P	E	R	N	I
L	E	G	G	I	N	G	S	S	T	D	R	Z
H	M	G	D	B	L	N	T	L	N	O	S	Q
S	E	X	T	G	Y	P	E	O	N	T	B	W
C	D	L	T	Q	L	S	M	D	O	B	D	M
U	D	D	M	A	H	A	Y	O	L	B	D	L
T	P	J	T	E	I	T	B	D	K	O	N	N
E	R	E	L	D	T	R	R	J	K	R	G	N
P	V	L	G	Y	X	J	T	Z	M	X	L	Y

HELMET
CHESTPLATE
LEGGINGS
LEATHER
DIAMOND
GOLDEN
IRON
BOOTS
TURTLE SHELL
SCUTE

BIOMES TO EXPLORE

L	W	R	B	M	T	W	M	T	M	L	T	Y
T	L	Y	I	V	O	L	G	B	N	S	Z	K
P	T	R	N	V	R	U	E	J	E	Y	J	D
Y	T	P	P	B	E	L	N	R	T	N	Z	G
L	R	U	T	L	G	R	O	T	Y	Z	Y	L
Q	O	Z	N	N	A	F	N	N	A	M	J	P
D	B	C	U	D	T	I	J	R	Y	I	M	J
B	E	J	E	F	R	D	N	M	B	A	N	L
T	A	I	G	A	I	A	B	S	W	N	Q	S
T	C	J	Z	G	N	E	B	S	L	Y	T	M
J	H	M	B	W	L	K	L	Q	D	T	M	D
Y	R	D	X	T	J	D	Z	D	D	M	Z	M
Q	D	K	Q	P	T	D	L	X	S	Z	N	N

JUNGLE
MOUNTAINS
TUNDRA
TAIGA
PLAINS
FOREST
SWAMP
RIVER
OCEAN
BEACH
FIELDS

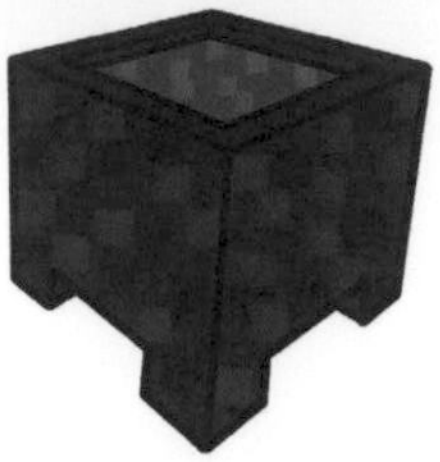

BREWING

F	E	R	M	E	N	T	E	D	S	P	I	D	E	R	E	Y	E
T	Y	M	K	M	Q	R	J	D	Y	N	Z	B	N	N	L	D	L
Y	L	P	L	X	T	R	T	K	N	D	D	M	K	L	G	M	Y
W	N	O	G	N	N	Y	T	X	Y	N	D	N	D	M	V	N	D
N	R	T	J	L	M	C	M	M	A	G	M	A	C	R	E	A	M
Y	R	I	B	Y	A	N	A	T	Y	L	Y	W	R	M	W	Q	T
L	T	O	M	L	Z	S	S	U	M	M	N	M	G	D	J	M	T
X	G	N	P	X	A	G	S	M	L	N	D	R	T	Z	K	M	L
J	K	S	N	N	N	Z	K	B	N	D	W	K	R	W	K	M	Y
Q	Z	Z	L	I	T	B	E	Z	O	R	R	A	T	W	G	Z	J
X	D	T	W	G	N	J	V	P	Z	T	E	O	R	Y	K	P	L
L	N	E	V	G	J	B	Z	L	O	T	T	G	N	B	L	G	Z
N	R	N	J	W	V	N	Z	R	T	W	R	L	M	X	M	L	Q
B	G	X	G	K	L	R	Z	S	X	K	D	L	E	L	Q	R	P
W	N	B	Z	Y	G	J	A	V	Y	L	M	E	K	Z	L	Q	W
R	B	J	M	G	M	H	T	R	L	Q	J	Z	R	L	T	D	M
Z	R	L	W	R	G	X	T	T	W	L	Y	M	X	V	X	G	D

BREWING STAND

POTIONS

BLAZE POWDER

CAULDRON

GLASS BOTTLE

MAGMA CREAM

GHAST TEAR

FERMENTED SPIDER EYE

MODES OF PLAY

H	E	L	O	S	N	O	C	G	N	I	M	A	G
L	A	M	U	L	T	I	P	L	A	Y	E	R	D
A	K	N	R	R	D	L	M	Y	G	Y	K	R	V
P	L	A	D	M	Q	B	A	W	B	V	X	R	L
T	P	L	D	H	W	B	C	V	X	B	R	Q	T
O	T	T	E	V	E	R	Q	N	I	O	Z	R	X
P	P	L	D	R	E	L	J	B	T	V	J	T	J
B	V	J	M	A	O	N	D	A	G	Y	R	Z	L
B	W	N	T	O	D	C	T	D	T	W	Z	U	V
Q	R	I	M	N	R	C	D	U	E	J	J	M	S
Q	V	E	W	V	E	L	W	R	R	V	G	D	T
E	D	P	Z	P	Z	N	Y	G	A	E	I	P	W
R	M	W	S	L	V	T	D	R	B	H	M	C	W
K	B	R	Y	Y	P	T	W	R	T	D	J	L	E

SURVIVAL
CREATIVE
ADVENTURE
SPECTATOR
HARDCORE
MULTIPLAYER
DEMO
LAPTOP
HANDHELD DEVICE
GAMING CONSOLE

HOSTILE MOBS

G	S	K	E	L	E	T	O	N
E	U	X	Z	Z	V	B	K	L
V	J	A	A	O	K	Y	D	T
O	W	L	R	S	M	E	L	Y
K	B	I	U	D	N	B	T	R
E	V	H	T	W	I	S	I	N
R	T	Z	O	C	A	A	R	E
V	J	R	L	H	H	Z	N	R
R	D	V	G	R	Q	T	D	X

BLAZE
DROWNED
EVOKER

GHAST
GUARDIAN
HUSK

SKELETON
WITCH
ZOMBIE

PASSIVE MOBS

V	I	L	L	A	G	E	R	X	H
X	M	O	C	E	L	O	T	S	G
H	P	O	X	D	P	Z	I	I	N
S	O	Z	O	E	W	F	P	E	G
Q	B	R	E	S	R	D	K	Z	G
U	P	H	S	E	H	C	R	J	T
I	S	K	F	E	I	R	B	A	T
D	J	F	Q	H	J	K	O	X	J
L	U	T	C	Z	Q	K	X	O	P
P	T	W	Y	B	Y	R	J	Z	M

VILLAGER
PUFFERFISH
OCELOT
SQUID
SHEEP
PIG
BAT
HORSE
MOOSHROOM
CHICKEN

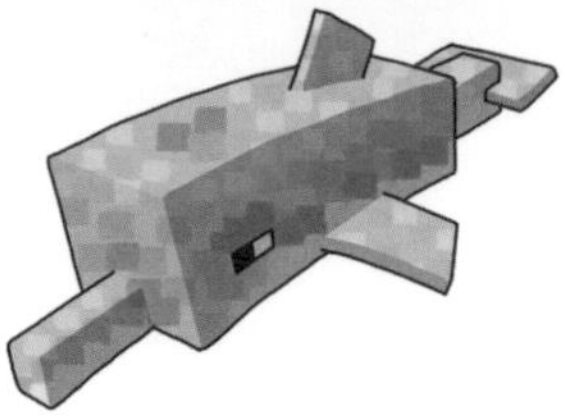

NEWISH MOBS

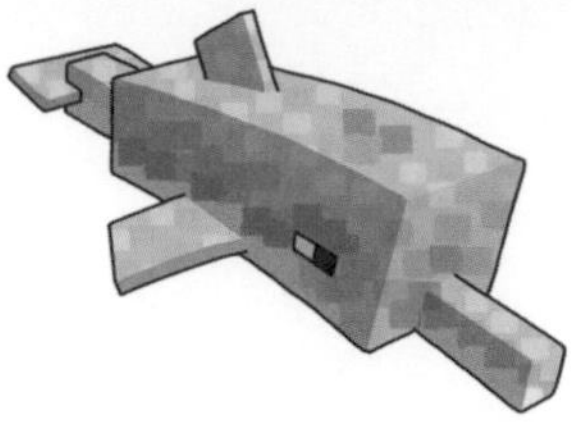

D	L	T	O	L	O	X	A	G	W
Q	I	R	E	G	A	L	L	I	P
D	D	U	P	L	A	N	R	N	M
N	O	M	Q	D	L	E	G	R	V
E	G	L	N	S	G	A	E	V	T
D	L	A	P	A	W	D	M	F	T
R	P	Q	V	H	A	O	O	A	B
A	G	A	Y	R	I	X	L	K	L
W	R	N	T	V	J	N	J	G	Z

AXOLOTL
WARDEN
GLOW SQUID
PILLAGER
RAVAGER
PANDA
TRADER
LLAMA
FOX
DOLPHIN

CLASSIC MOBS

E	N	D	E	R	D	R	A	G	O	N	E
I	O	N	J	W	R	L	W	J	N	N	B
R	T	R	M	X	V	T	E	J	D	T	D
O	E	Z	E	B	G	I	T	E	D	G	B
N	L	B	Z	G	B	Z	R	Q	G	R	L
G	E	L	K	M	A	M	K	T	V	T	Y
O	K	Q	O	L	A	L	B	Z	S	L	Z
L	S	Z	D	N	M	R	L	A	N	T	T
E	N	J	M	Q	N	V	H	I	M	D	B
M	N	G	X	Y	J	G	T	N	V	L	L

ZOMBIE
GHAST
ENDER DRAGON
ENDERMAN
SKELETON
VILLAGER
IRON GOLEM

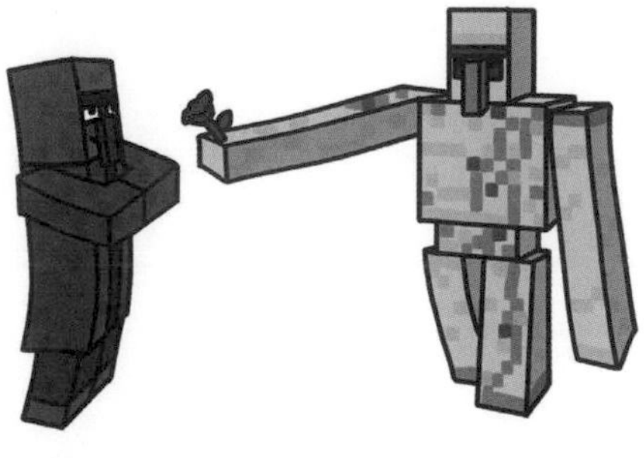

MINECRAFT DUNGEONS

R	T	L	E	V	E	L	T	E	R	C	E	S
E	Y	S	S	O	Y	M	X	K	X	N	L	J
G	W	T	E	T	R	M	L	Q	C	V	T	W
A	C	G	I	H	C	B	V	H	Q	J	L	D
L	N	R	T	S	C	A	A	L	T	W	Y	K
L	B	K	O	A	O	N	F	W	R	M	V	X
I	D	J	R	S	T	R	E	I	Y	M	J	T
H	Q	M	J	M	S	L	T	D	T	J	X	W
C	O	R	E	T	L	B	D	S	D	R	Q	P
R	T	N	R	O	Q	M	O	Q	N	I	A	K
A	T	Z	P	O	D	V	K	W	B	O	H	Z
S	T	M	Z	L	R	G	Y	L	N	W	M	R

ARCH-ILLAGER
CROSSBOW
ARMOR
ARTIFACTS
ENCHANTMENTS
LOOT
HIDDEN CHEST
SECRET LEVEL
ORB
MONSTROSITY

ANIMALS

D	H	G	C	A	T	G	T	T	T
O	L	O	J	Q	T	W	W	T	L
N	L	A	R	I	P	E	E	H	S
K	A	T	B	S	A	D	N	A	P
E	M	B	C	G	E	W	O	L	F
Y	A	M	N	O	I	B	Y	D	Y
R	V	M	D	K	W	P	N	M	K

WOLF	COW	LLAMA
RABBIT	GOAT	CAT
HORSE	SHEEP	PANDA
DONKEY	PIG	

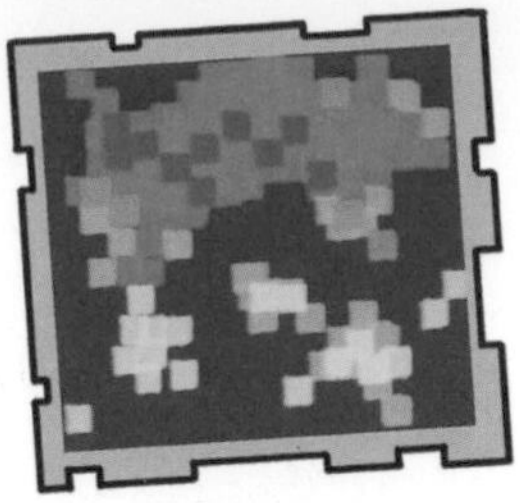

MODS

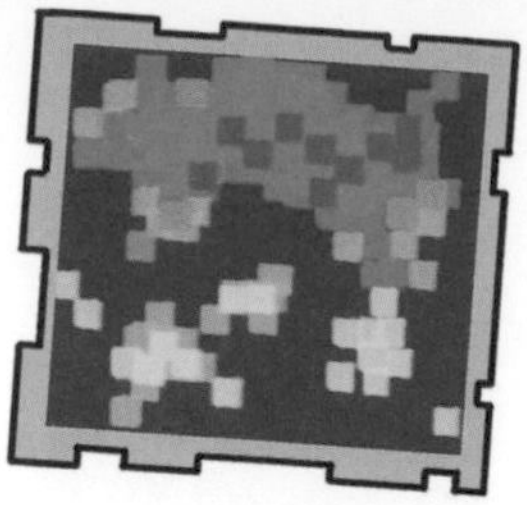

C	O	N	T	R	O	L	L	I	N	G	N	Z	W
T	C	T	N	R	V	D	N	L	X	B	Y	J	W
F	A	A	Z	W	K	W	Z	X	U	M	O	O	G
A	N	Z	T	Y	Q	G	Y	I	J	U	B	D	Y
R	D	D	D	E	N	Q	L	L	R	R	L	L	K
C	Y	R	V	D	R	D	W	N	E	O	D	L	V
O	C	Y	M	T	C	P	E	V	T	K	N	V	K
I	R	M	B	R	J	Y	I	S	N	R	Y	Z	Z
L	A	Z	A	N	M	U	O	L	B	Y	J	K	T
B	F	F	J	A	Q	M	R	X	L	P	L	M	N
I	T	R	P	R	O	X	Z	L	J	A	M	T	J
B	D	N	Q	B	J	R	R	R	B	Q	R	Y	Y
Q	D	M	S	X	Y	Y	M	J	N	J	V	Q	L

CANDYCRAFT
CONTROLLING
LOTSOMOBS
BUILDCRAFT
JOURNEYMAP
BIBLIOCRAFT
CATERPILLAR
QUIVERBOW

REDSTONE DEVICES

B	R	O	T	A	R	A	P	M	O	C	R	P
D	I	S	P	E	N	S	E	R	N	E	I	R
R	O	K	L	L	G	Y	E	O	P	S	A	B
O	W	O	A	N	J	P	T	E	T	I	Y	G
P	L	M	R	R	P	E	A	O	L	Y	Y	D
P	P	P	B	O	B	T	N	S	G	L	R	Q
E	R	D	H	L	E	N	B	Y	T	A	V	Y
R	D	J	O	R	Y	Y	N	D	M	T	T	R
R	G	C	Q	B	W	L	Q	X	R	L	B	E
X	K	M	L	N	X	X	J	M	Z	W	D	X

DOOR
GATE
LAMP
PISTON
DROPPER
DISPENSER
HOPPER
NOTE BLOCK
RAILS
REPEATER
COMPARATOR

GAMING ACRONYMS

X	W	M	O	G	T	K
A	G	B	F	B	L	D
F	D	L	T	G	G	Z
K	M	L	R	W	G	W
D	Y	J	C	B	M	W
Q	V	B	D	Y	T	D
N	P	C	Y	F	Z	T

AFK
GG
OMW
DLC
DC
WTB
FTW
LFG

POTIONS

I	N	M	Y	L	N	K	J	J	G	R	G	W
N	R	E	G	E	N	E	R	A	T	I	O	N
V	V	C	G	H	G	K	T	B	L	R	S	Y
I	H	N	S	W	T	M	G	E	Y	S	R	W
S	E	A	X	W	Z	G	A	N	E	R	P	J
I	A	T	R	P	I	P	N	N	M	O	Y	B
B	L	S	D	M	I	F	W	E	I	B	N	M
I	I	I	J	N	I	O	T	S	R	L	R	Y
L	N	S	G	M	L	N	O	N	B	T	Y	P
I	G	E	V	S	M	N	G	J	E	Y	S	G
T	P	R	Y	W	N	P	V	V	N	S	D	T
Y	X	X	T	B	D	W	J	Z	N	P	S	Y

HARMING
HEALING
INVISIBILITY
LEAPING
POISON
REGENERATION
RESISTANCE
SLOWNESS
STRENGTH
SWIFTNESS

FURNITURE

S	T	A	I	R	S	M	M	E
I	W	F	I	D	B	L	C	E
G	T	A	E	R	N	A	S	R
N	H	D	B	N	L	A	N	B
C	W	E	V	P	C	T	R	T
Y	L	B	E	K	J	E	A	G
J	L	R	O	Y	J	B	B	B
B	I	O	Y	D	L	X	L	J
F	B	X	V	E	T	N	Y	N

CHAIR
FIREPLACE
STAIRS
TABLE
BOOKCASE
FENCE
BED
SIGN

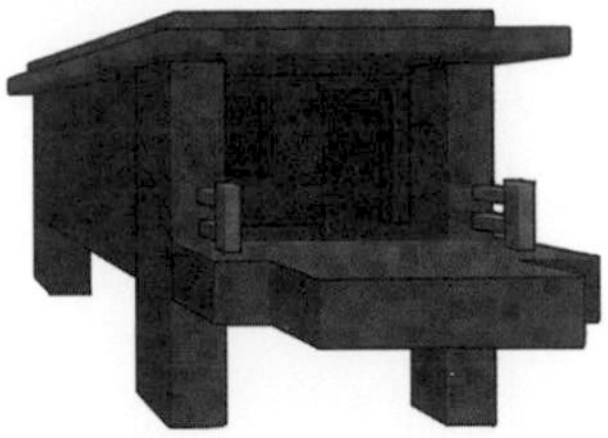

WITCHES

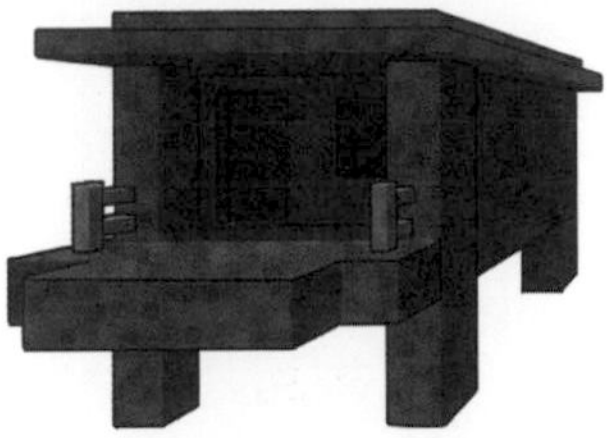

O	V	E	R	W	O	R	L	D	R
S	S	E	N	K	A	E	W	E	N
L	Y	H	Y	O	P	L	G	Z	Y
O	G	M	O	M	S	E	V	P	J
W	G	N	A	S	N	I	O	Z	H
N	M	W	I	E	T	T	O	S	M
E	S	G	R	M	I	I	A	P	S
S	Q	A	M	O	R	L	L	T	Q
S	T	Y	N	Y	P	A	U	E	J
E	J	S	Q	S	X	H	H	N	N

HOSTILE
SWAMP
HUTS
OVERWORLD
SPLASH
POTIONS
WEAKNESS
SLOWNESS
POISON
HARMING
REGENERATE

VILLAGERS

C	A	R	T	O	G	R	A	P	H	E	R
S	R	L	C	L	E	R	I	C	V	P	L
D	E	R	I	Z	N	L	K	I	J	F	T
L	H	J	D	B	M	I	S	X	A	Z	R
A	C	K	E	O	R	S	T	R	J	L	R
R	T	Y	B	D	A	A	M	W	G	L	Z
E	U	S	R	P	A	E	R	N	I	Y	D
M	B	K	B	X	R	R	W	I	T	T	T
E	B	B	G	K	D	L	T	O	A	J	D
T	R	J	Z	D	K	G	M	R	R	N	D
B	D	J	J	R	Q	T	N	Z	T	K	Q

PASSIVE
MOBS
WORK
TRADE
EMERALDS
NITWIT
BUTCHER
CLERIC
LIBRARIAN
FARMER
CARTOGRAPHER

MINING

S	T	X	Y	K	L	W	Y	R	D	D
T	Y	T	I	L	I	B	A	R	U	D
F	S	L	D	S	L	J	S	O	R	E
A	H	B	A	N	E	P	B	P	L	M
H	O	L	B	Y	E	V	I	X	G	Q
S	V	D	Y	E	E	C	A	R	N	L
E	E	G	D	M	K	R	G	C	D	M
N	L	Q	R	A	R	K	S	D	Y	P
I	K	J	X	Z	R	M	J	R	V	Z
M	M	E	T	D	K	T	Z	L	L	D

PICKAXE
MINESHAFTS
CAVES
ORE
SHOVEL
SPEED
DURABILITY
LAYERS

GAME OVER

P	L	I	G	H	T	N	I	N	G	D	E	M	L
K	O	E	V	R	A	T	S	N	N	T	X	D	M
C	F	T	B	N	T	Z	W	R	A	Y	B	T	L
A	A	G	I	N	W	O	W	C	L	O	D	B	B
T	L	N	T	O	R	Q	O	V	M	F	I	R	E
T	L	I	M	D	N	F	D	E	N	D	J	D	P
A	D	T	G	L	F	E	L	M	R	N	X	Z	X
F	A	S	M	U	G	I	F	A	J	V	T	J	L
L	M	E	S	N	T	L	G	F	Y	J	J	J	R
O	A	E	L	S	K	O	J	Z	E	W	Y	Y	L
W	G	B	O	T	N	D	Z	Q	B	C	N	X	G
X	E	H	M	Q	N	P	V	G	B	D	T	Y	M

WOLF ATTACK
FALL DAMAGE
HOSTILE MOB
FIRE
SUFFOCATE
TNT
DROWN
BEE STING
STARVE
DRAGON
POTION EFFECT
LIGHTNING

MINECRAFT AQUATIC

N	A	U	T	I	L	U	S	S	H	E	L	L	S
H	E	A	R	T	O	F	T	H	E	S	E	A	D
S	T	S	E	L	K	C	I	P	A	E	S	X	W
H	S	U	P	C	Q	L	D	K	S	V	D	G	P
I	S	R	R	Z	O	D	A	T	Y	R	Y	Z	J
P	A	N	V	T	Y	N	N	R	O	R	J	Y	L
W	R	K	I	Z	L	E	D	W	O	B	Q	R	D
R	G	S	Y	H	D	E	N	U	W	C	T	R	R
E	A	L	N	I	P	E	E	Z	I	R	R	M	X
C	E	D	R	I	D	L	N	G	Y	T	K	Z	L
K	S	T	R	S	U	R	O	D	G	D	S	Z	B
S	K	D	P	T	W	R	M	D	M	S	V	M	J

CORAL
DOLPHINS
TRIDENTS
SHIPWRECKS
DROWNEDS
NAUTILUS SHELLS
TURTLE EGGS
CONDUITS
RUINS
HEART OF THE SEA
SEAGRASS
SEA PICKLES

YOUTUBERS

T	H	E	S	Y	N	D	I	C	A	T	E	P	R	O	J	E	C	T
D	S	D	A	N	T	D	M	V	N	S	P	R	M	Z	R	Y	P	D
R	B	K	L	M	B	Q	P	Y	O	J	J	M	E	W	T	B	T	D
E	D	D	Y	W	N	G	T	M	S	T	V	L	L	M	N	D	L	M
A	G	R	G	D	N	Q	M	Z	T	S	K	Q	N	J	D	L	G	L
M	P	G	X	Y	O	R	N	B	T	R	U	N	J	A	B	M	W	T
Z	K	P	J	Y	A	E	Y	M	A	X	Y	N	E	K	J	V	R	G
M	W	D	L	L	J	N	S	P	M	K	Q	H	D	L	M	W	Y	L
R	T	X	U	J	T	D	S	E	Z	M	G	L	T	E	D	L	X	B
D	A	P	P	P	V	N	K	V	V	N	D	Y	Q	R	E	L	W	D
J	O	L	Y	R	I	B	W	R	O	E	K	G	Y	R	Z	V	B	T
P	G	Y	I	A	E	Y	N	L	D	N	R	D	P	K	K	N	T	D
T	W	L	T	A	B	S	Y	D	D	P	X	Y	P	V	R	G	D	D
B	G	P	B	K	G	P	T	Z	Y	L	R	X	T	T	Y	N	N	Z
N	A	D	X	Y	M	N	Q	O	L	N	N	D	D	H	D	M	L	K
C	Z	N	Q	A	T	X	W	Z	N	R	Z	R	K	R	I	W	M	P
M	Y	R	T	K	N	D	Q	V	P	T	T	M	P	M	Z	N	Z	X
P	Y	S	W	R	P	D	G	D	N	W	L	K	N	Q	N	B	G	Q

DANTDM
ALI A
POPULARMMOS
SSUNDEE
CAPTAIN SPARKLEZ
PRESTON
DREAM
THE SYNDICATE
PROJECT
STAMPYLONGHEAD
SKY DOES EVERYTHING

THE END

C	M	X	R	O	R	D	Y	V	Y	T	P	Y
E	E	P	E	Y	B	N	R	K	Q	T	G	S
N	N	N	M	N	D	S	R	A	G	K	D	M
D	D	Y	T	B	D	Y	I	D	G	N	J	R
C	S	A	V	R	D	E	L	D	A	O	E	X
R	T	Y	I	Y	A	A	R	L	I	D	N	N
Y	O	E	Y	R	T	L	S	M	N	A	T	L
S	N	M	N	R	B	I	I	E	E	N	N	G
T	E	D	O	D	R	L	F	S	G	N	T	P
A	J	P	D	E	P	O	O	N	L	R	P	N
L	J	Y	T	X	E	O	V	C	Q	A	T	T
V	L	U	Q	Y	B	L	E	T	K	X	N	D
M	O	N	E	R	B	M	L	M	K	S	J	D

PORTAL
EYE OF ENDER
ENDERMEN
DRAGON
END STONE
OBSIDIAN
CENTRAL ISLAND
END CRYSTAL
OUTER ISLANDS
END POEM
AIR BLOCKS

THE NETHER

N	N	N	D	J	T	J	P	Z	M	Z	W	M	T	D	T
E	G	I	Q	Z	J	R	N	Q	D	Q	N	L	N	Z	W
T	L	E	L	X	S	M	W	D	Z	M	T	C	R	I	B
H	O	B	N	G	L	T	B	D	D	D	R	K	T	B	V
E	W	U	L	K	I	M	R	M	T	I	T	H	M	L	X
R	S	C	M	M	X	P	Q	I	M	J	E	T	N	Z	R
F	T	A	M	B	Q	D	D	S	D	R	L	E	B	N	Z
O	O	M	L	A	V	A	O	E	S	E	T	J	I	K	L
R	N	G	K	G	Q	N	M	K	I	H	R	L	Y	M	W
T	E	A	M	Y	F	J	E	L	E	F	G	M	W	N	K
R	J	M	L	O	V	L	X	R	N	O	I	E	T	P	R
E	R	R	R	Y	E	N	W	T	H	K	Z	B	P	M	Q
S	Z	E	L	T	T	A	L	Z	T	A	Q	K	M	N	M
S	S	V	O	Z	R	T	D	K	L	Q	L	Y	T	O	M
T	R	N	J	T	P	P	N	B	B	L	Z	Y	L	Z	Z

NETHER WART
CRIMSON FOREST
STRIDER
ZOMBIFIED PIGLIN
NETHER FORTRESS
HOGLIN
LAVA
BLAZE
WITHER SKELETON
GLOWSTONE
MAGMA CUBE

CREATIVE BUILDS

N	X	R	D	W	Z	D	Z	R	L	W
I	L	I	B	R	A	R	Y	I	T	L
A	B	L	N	J	K	L	G	L	L	N
T	M	E	S	U	O	H	E	E	R	T
N	D	U	P	S	T	L	G	R	A	Z
U	O	G	E	H	T	D	D	R	R	M
O	C	K	O	S	I	A	C	Y	Z	J
F	K	U	A	R	U	H	T	G	L	D
P	S	C	B	Y	M	M	R	U	K	K
E	J	R	L	M	D	X	J	N	E	L

TREE HOUSE
CASTLE
MUSEUM
LIBRARY
STATUE
LIGHTHOUSE
BRIDGE
DOCKS
FOUNTAIN
ARCH

EPIC BUILDS

R	O	L	L	E	R	C	O	A	S	T	E	R
E	E	L	C	I	N	A	T	I	T	L	P	M
D	P	T	A	Q	Z	D	L	L	Y	Y	B	Y
I	A	E	Q	R	T	L	B	D	R	B	N	N
L	C	M	M	R	D	X	L	A	M	R	N	P
S	S	P	J	Y	J	E	M	J	R	Y	D	B
R	Y	L	Y	G	M	I	H	E	D	Z	N	X
E	T	E	P	G	D	L	W	T	Q	N	J	Y
T	I	Q	V	P	E	O	G	P	A	L	X	Y
A	C	X	D	N	T	Z	G	Z	R	C	Z	X
W	T	Z	Y	N	W	N	A	R	B	G	K	L
L	R	D	B	N	T	K	M	M	R	Z	D	P

TOWER
TEMPLE
WATER SLIDE
PYRAMID
MAZE
CITYSCAPE
CATHEDRAL
ROLLER COASTER
TITANIC

TRANSPORTATION

E	M	I	N	E	C	A	R	T	S	M	Y
M	N	Y	E	K	N	O	D	H	E	R	Q
H	X	D	T	Q	E	T	U	L	L	N	M
O	Y	R	E	L	X	L	U	K	Y	V	D
R	T	L	Y	R	K	M	M	R	D	V	L
S	E	T	R	E	C	H	A	N	N	E	L
E	R	P	R	Q	T	H	A	M	A	L	L
A	G	B	P	A	P	T	E	Y	J	N	Y
D	O	B	O	O	Q	Y	R	S	Y	M	N
X	N	B	J	Z	H	L	L	L	T	G	R

MINECART
BOAT
ELYTRA
HORSE
LLAMA
DONKEY
MULE
CHANNEL
ENDER CHEST
SHULKER BOX

THE HISTORY OF MINECRAFT

N	C	A	V	A	J	G	G	M
O	G	A	W	G	N	L	I	Z
S	X	R	V	A	K	C	X	M
R	T	O	J	E	R	P	A	G
R	L	O	B	O	G	R	P	H
E	M	M	S	D	K	A	C	P
P	G	O	T	U	N	T	M	J
N	F	G	S	Z	O	A	V	E
T	N	J	Y	N	N	R	S	P

NOTCH
CAVE GAME
SANDBOX
MARKUS
MOJANG
MICROSOFT
PERRSON
JAVA

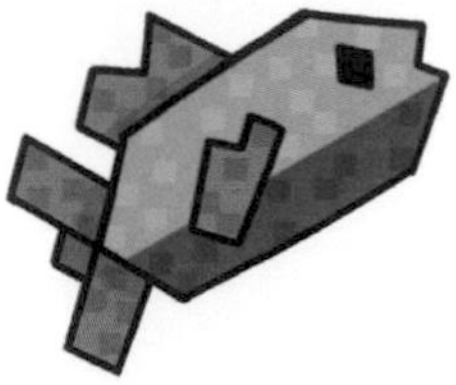

FISHING

H	M	G	J	M	L	L	E	R	G
Z	S	B	D	V	R	R	T	N	J
R	K	I	L	I	U	L	I	M	M
Y	Q	U	F	S	U	L	D	Q	D
N	R	J	A	R	E	Q	B	O	Q
E	O	E	N	E	E	O	S	M	R
K	R	M	R	T	B	F	D	G	B
T	N	L	L	B	Y	D	F	V	Y
L	R	U	E	A	Z	O	M	U	J
R	N	R	J	T	S	C	T	D	P

ROD
BOBBER
LURE
COD
SALMON
PUFFERFISH
SQUID
REELING
TREASURE
JUNK

WHY PARENTS LOVE MINECRAFT

G	N	I	V	L	O	S	M	E	L	B	O	R	P
E	S	Y	T	I	V	I	T	A	E	R	C	A	L
C	E	O	N	L	T	E	A	M	W	O	R	K	L
N	G	N	C	N	E	W	D	Z	J	C	T	D	N
E	V	N	G	I	B	A	V	E	H	W	Q	P	L
D	Z	N	I	I	A	Q	R	I	S	T	Z	X	J
N	Y	J	W	D	N	L	T	N	X	I	N	L	T
E	W	Q	D	Z	O	E	S	X	I	Y	G	M	Z
P	D	R	X	V	C	C	E	K	G	N	J	N	D
E	T	R	V	T	V	Q	M	R	I	D	G	X	R
D	M	Z	U	M	J	P	X	D	I	L	L	N	K
N	M	R	K	L	J	L	M	T	J	N	L	J	Y
I	E	M	J	L	J	D	D	L	K	B	G	S	W

PROBLEM SOLVING
LEARNING
TEAMWORK
CREATIVITY
INDEPENDENCE
ENGINEERING
ARCHITECTURE
CODING
DESIGN
SOCIAL SKILLS

WHY KIDS LOVE MINECRAFT

C	O	M	P	E	T	I	N	G	D	D	Y	X	M	Y	E
N	P	Z	P	X	G	T	N	Z	A	L	D	W	T	D	T
K	D	W	Q	X	R	T	L	B	N	R	M	L	O	N	J
Y	B	J	N	G	N	L	M	J	G	Y	Z	M	D	Y	M
Y	B	Q	M	D	S	N	K	Y	E	T	R	L	P	M	R
X	X	J	T	D	C	Y	Y	D	R	E	B	Z	N	R	T
X	R	M	L	L	N	H	R	P	Y	W	Q	L	Y	V	T
L	M	I	W	P	J	K	A	A	L	B	N	G	N	R	N
T	U	G	M	M	D	L	L	L	A	A	Z	T	G	Y	N
B	T	D	N	X	R	P	B	T	L	N	Y	M	M	L	P
Y	D	L	Q	I	I	R	T	Y	Y	E	W	I	G	Y	J
L	T	R	P	T	N	L	M	J	T	R	N	X	N	Y	R
N	B	L	L	J	E	N	V	P	T	W	W	G	R	G	R
K	M	U	M	S	N	M	I	G	P	Q	K	Q	E	B	D
T	M	Y	T	R	X	T	N	W	M	B	M	X	Z	S	D

BATTLES
BUILDS
DANGER
MULTIPLAYER MODE
WINNING
COMPETING
PLAYING
CHALLENGES

CONTAINERS

L	M	Y	R	G	B	J	W	T	N	X	B	L
D	R	E	T	E	N	D	L	D	O	N	L	V
Q	N	X	N	Y	S	T	R	B	Z	Z	R	G
B	Y	A	N	D	N	N	R	O	E	L	T	P
N	Q	K	T	R	E	E	E	C	P	P	R	J
Z	Y	P	M	S	K	R	A	P	Y	P	C	M
Q	T	K	L	L	G	N	C	V	S	H	E	H
J	K	J	U	Q	R	N	L	H	E	I	O	R
B	T	H	P	U	T	Q	I	S	E	P	D	Z
B	S	L	F	V	T	Q	T	W	P	S	D	B
W	M	P	M	G	G	P	Q	E	E	R	T	K
B	T	M	R	X	Z	R	R	R	Z	R	G	N
D	M	Z	T	D	D	Q	D	T	G	M	B	W

BREWING STAND
FURNACE
SHULKER BOX
CHEST
HOPPER
DROPPER
ENDER CHEST

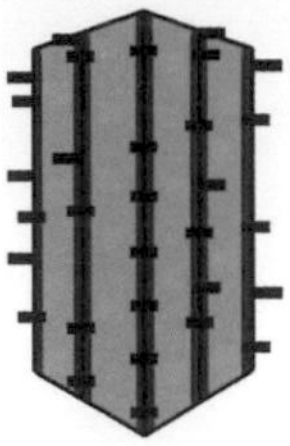

PLANTS

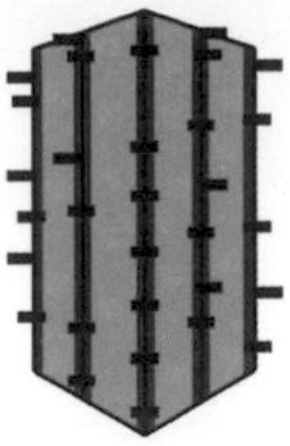

S	E	A	G	R	A	S	S	K
T	O	O	R	T	E	E	B	S
L	X	C	S	M	G	D	G	N
B	I	S	A	R	D	N	J	A
A	O	L	A	C	I	J	Z	X
M	R	S	Y	L	T	A	V	F
B	S	T	P	P	L	U	E	M
O	G	A	K	E	A	R	S	X
O	S	Z	A	G	N	D	J	D

CACTUS
BEETROOT
GRASS
BAMBOO
FERN
MOSS
LILY PAD
AZALEA
SAPLINGS
SEAGRASS

WEAPONS

F	G	D	R	O	W	S	R
I	N	T	J	M	A	T	T
R	I	R	R	X	W	R	P
E	M	A	E	L	I	O	A
B	R	P	T	D	I	R	B
A	A	S	E	S	R	T	Z
L	H	N	O	O	N	T	P
L	T	N	W	T	M	X	X

SWORD
BOW
ARROW
POISON
HARMING
AXE
TRIDENT
FIREBALL
TNT
TRAPS

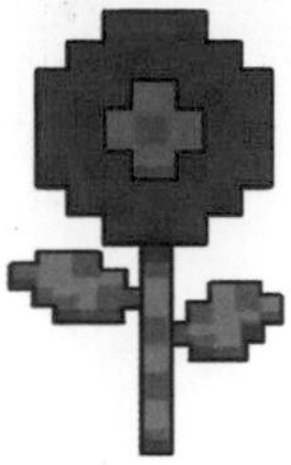

FLOWERS

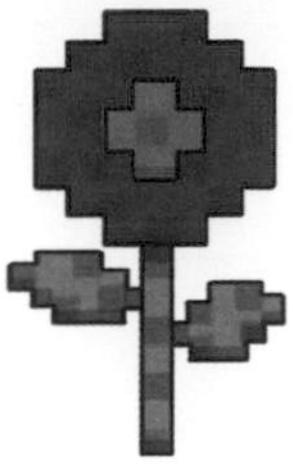

R	E	W	O	L	F	N	U	S	G	E	X	M
Q	P	J	D	L	R	J	G	L	S	B	V	T
G	V	N	Z	N	J	B	G	O	Q	M	M	M
Q	D	R	L	C	D	T	R	B	Q	B	U	D
Y	D	M	E	L	A	R	Q	D	R	I	P	N
P	R	W	K	W	E	L	A	J	L	V	W	R
P	X	Y	X	H	O	N	I	L	B	R	R	Q
O	M	P	T	T	D	L	A	L	V	Q	T	B
P	N	I	E	E	T	N	F	Y	D	U	W	L
W	W	L	L	O	Y	Q	J	N	L	L	X	P
G	T	I	N	D	N	N	D	I	R	Z	Y	Y
D	O	V	Y	T	L	Y	P	B	N	O	L	L
N	N	L	J	K	V	T	T	L	L	Z	C	V

POPPY
SUNFLOWER
DANDELION
ALLIUM
LILAC
TULIP
WITHER ROSE
PEONY
CORNFLOWER

POCKET EDITION

P	H	O	N	E	B	T	V	X	Q	T	B	X	S
S	E	S	A	H	C	R	U	P	P	P	A	N	I
Y	P	D	D	L	Y	Y	M	P	S	T	I	N	X
X	L	P	D	T	Y	Y	T	C	M	K	B	K	T
D	T	D	T	T	Q	L	I	D	S	T	S	L	M
W	Q	Y	N	P	N	H	M	L	K	E	L	D	J
D	N	Z	D	E	P	B	L	R	C	D	M	J	R
A	Z	M	T	A	I	Y	Z	R	R	P	P	R	G
O	Z	L	R	M	J	R	U	P	Q	Q	L	Y	T
L	T	G	B	L	M	O	F	N	T	Y	W	A	T
N	T	K	B	L	S	M	J	D	L	Y	B	K	R
W	T	V	L	E	J	L	W	Q	I	L	W	L	T
O	T	N	R	P	K	B	Z	L	E	K	B	G	J
D	Y	Q	M	R	T	D	J	T	T	N	B	L	G

PHONE
TABLET
DOWNLOAD
GRAPHICS
SKINS
RESOURCES
KID-FRIENDLY
IN-APP PURCHASES

CAVES

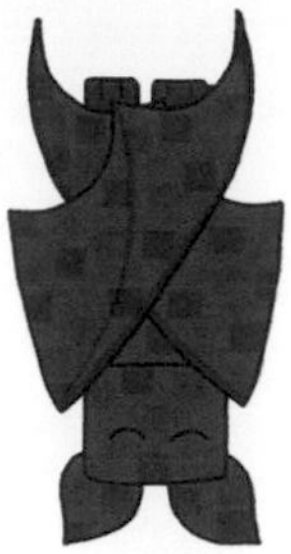
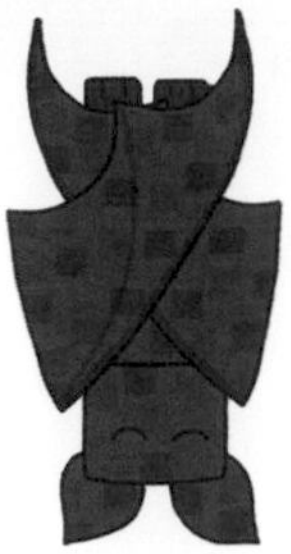

L	J	U	N	D	E	R	G	R	O	U	N	D	R
K	Y	P	J	G	Q	M	T	M	O	S	T	E	M
Y	N	O	I	S	E	C	A	V	E	S	D	M	V
R	W	B	L	J	X	W	E	C	Y	I	R	B	M
N	W	Q	Y	O	Q	R	R	K	P	B	R	P	C
E	R	O	X	K	W	U	B	S	Q	W	W	A	B
T	Q	Z	N	O	O	L	E	P	D	D	R	Y	B
H	Y	T	R	S	S	V	I	D	L	V	Y	V	B
E	X	L	E	M	A	T	Z	G	E	N	D	Q	K
R	D	R	P	C	Y	B	A	R	H	L	Q	D	J
J	Z	Y	M	B	P	G	S	B	Q	T	K	M	W

CARVERS
NOISE CAVES
OVERWORLD
NETHER
UNDERGROUND
ORE
RESOURCES
LOW LIGHT
BATS
CAVE SPIDER

FLYING

P	T	B	N	M	W	D	N	Y	L	W
H	A	M	P	I	R	E	Z	A	L	B
A	B	N	N	A	K	M	A	D	B	Z
N	T	G	G	C	R	R	B	W	J	M
T	S	O	I	H	T	R	I	T	P	T
O	N	H	E	Y	A	T	O	X	B	G
M	C	T	L	E	H	S	E	T	T	D
J	V	E	G	E	B	V	T	L	Y	T
R	R	X	R	N	D	J	L	K	M	K

DRAGON	PARROT	VEX
ELYTRA	PHANTOM	GHAST
WINGS	WITHER	BEE
BAT	BLAZE	CHICKEN

CRYSTALS AND GEMS

E	S	I	P	A	L	Z	X	R	X	T	L
E	N	D	C	R	Y	S	T	A	L	Q	Y
D	D	I	G	R	P	P	Q	R	T	W	T
I	L	P	R	D	E	N	Q	T	A	S	Y
A	A	R	P	A	Q	Z	L	L	Y	U	Z
M	R	M	R	B	M	B	T	H	R	J	Q
O	E	L	V	T	L	S	T	R	R	P	L
N	M	L	N	T	Y	E	I	B	R	B	J
D	E	T	T	K	M	X	G	R	J	K	K
J	M	Z	M	A	R	M	W	L	P	N	R

DIAMOND
LAPIS
AMETHYST
EMERALD
PRISMARINE
QUARTZ
PEARL
END CRYSTAL

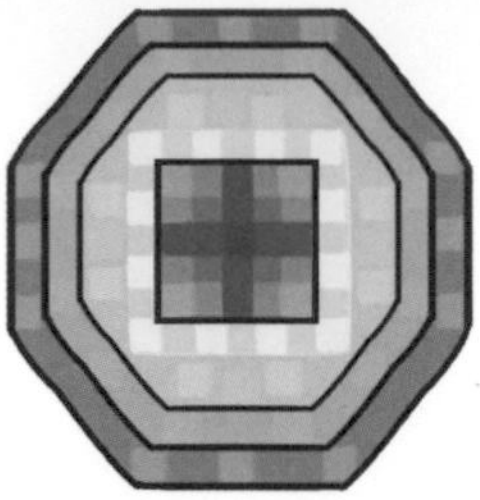

GREEN SCENE

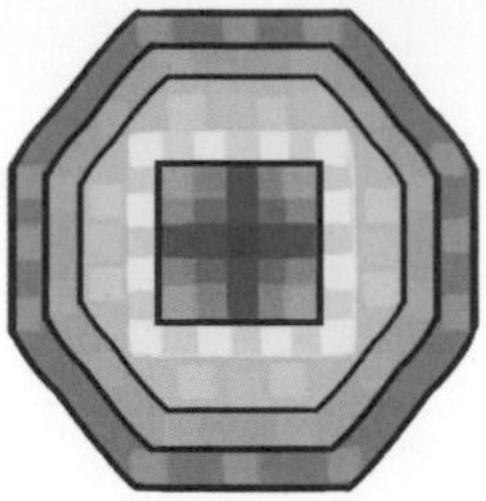

E	X	P	E	R	I	E	N	C	E	O	R	B
M	L	R	R	X	N	O	T	U	R	T	L	E
E	W	M	R	O	I	S	N	K	B	P	D	L
R	K	D	L	T	U	R	Q	J	X	G	M	G
A	N	E	O	T	V	L	N	G	T	Y	D	N
L	M	P	C	J	G	M	K	D	G	T	T	T
D	B	A	W	P	X	R	S	L	I	M	E	L
N	C	Z	Z	R	Y	D	A	N	J	K	N	Y
Q	N	T	T	T	Q	M	J	S	Y	P	B	T
P	N	K	M	T	Y	N	Y	L	S	R	Y	Y

POTION

EMERALD

TURTLE

GRASS

CACTUS

SLIME

EXPERIENCE ORB

MELON

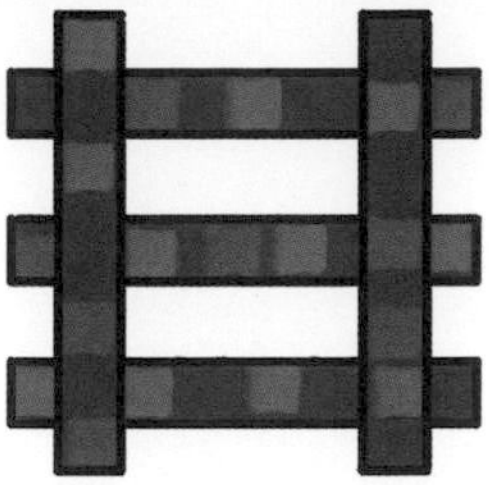

CLIMBING

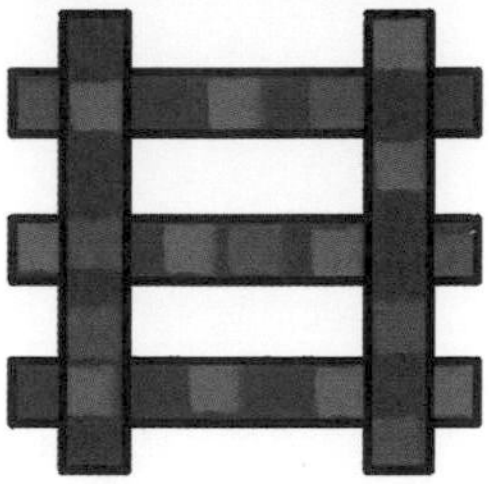

S	C	A	F	F	O	L	D	I	N	G
M	N	S	W	L	X	Q	R	Q	T	R
O	S	N	T	Z	V	E	N	P	N	Z
U	M	P	R	A	D	I	R	G	J	N
N	W	J	I	D	I	E	N	N	R	L
T	B	A	A	D	W	R	Q	E	K	M
A	N	L	L	O	E	Q	S	J	S	B
I	X	D	T	L	Q	R	Y	L	D	D
N	T	M	R	G	P	D	S	M	Y	N

SPIDER
TOWER
VINES
LADDER
WALL
STAIRS
SCAFFOLDING
MOUNTAIN

WEATHER

G	N	I	N	T	H	G	I	L
E	S	I	R	N	U	S	T	Y
T	C	I	C	E	I	H	Q	J
E	W	L	N	Z	U	A	T	N
S	O	L	O	N	N	B	R	M
N	N	X	D	U	N	W	L	X
U	S	E	N	R	D	J	R	Z
S	R	K	R	N	Y	S	W	T

RAIN
THUNDER
LIGHTNING
SNOW
ICE
CLOUDS
SUNSET
SUNRISE

GLOW ON

G	L	O	W	S	T	O	N	E	T	Q	P	A
X	T	P	P	G	T	X	W	T	D	M	M	N
G	P	H	G	D	L	R	N	K	A	G	R	Q
V	J	T	G	X	Q	D	T	L	A	E	R	E
L	N	N	M	I	G	M	E	M	T	B	R	V
H	C	R	O	T	L	N	B	N	Y	I	B	Q
Q	W	T	K	B	O	M	A	E	F	Y	P	R
P	L	Q	K	T	T	L	O	W	A	D	Z	T
W	V	Z	S	K	A	X	W	O	D	C	B	Q
V	D	D	M	E	Y	T	L	M	R	G	O	D
L	E	Z	S	M	W	B	G	X	L	H	R	N
R	L	Y	J	Q	G	M	N	L	R	Q	S	W

GLOWSTONE
MAGMA
SEA LANTERN
SHROOMLIGHT
TORCH
REDSTONE LAMP
FIRE
BEACON

EVERYTHING RED

N	E	N	O	T	S	D	E	R	L
H	E	P	O	T	I	O	N	M	P
E	R	T	Z	J	N	J	O	Z	N
A	E	N	H	D	Z	O	P	A	B
L	T	M	R	E	R	R	P	L	T
T	E	P	M	H	R	P	R	N	Q
H	M	J	S	B	L	W	T	G	B
R	R	O	Z	E	L	Q	A	R	Q
W	O	J	D	R	B	G	R	R	V
M	W	D	N	L	M	Z	D	D	T

REDSTONE
METER
TNT
APPLE
NETHER WART
POTION
HEALTH
MOOSHROOM

HELLO, YELLOW

T	A	E	H	W	T	Q	B	K	K	M	P
P	J	B	R	Z	Y	B	R	L	D	U	X
D	A	N	D	E	L	I	O	N	F	L	D
T	L	V	E	A	W	X	R	F	T	E	J
O	D	I	Z	G	W	O	E	B	S	N	J
R	H	E	G	T	N	R	L	E	G	D	Y
C	N	A	J	H	F	O	E	F	P	B	G
H	U	K	Y	I	T	H	P	Z	N	N	L
T	S	W	S	B	C	N	Z	S	D	U	W
K	B	H	K	T	A	Z	I	N	Q	Y	S
M	M	E	B	N	Y	L	B	N	D	M	Z
M	Z	W	E	B	L	Y	E	J	G	W	Y

DANDELION
SUNFLOWER
PUFFERFISH
HAY BALE

WHEAT
TORCH
LIGHTNING
BLAZE

CHEESE
SPONGE
SUN
BEE

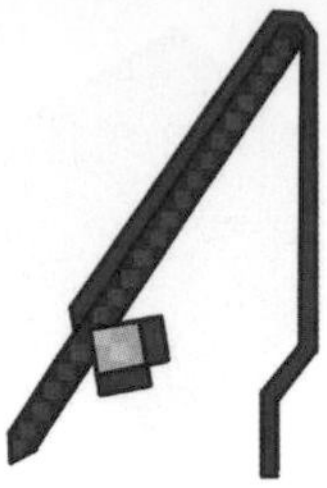

EXPERIENCE

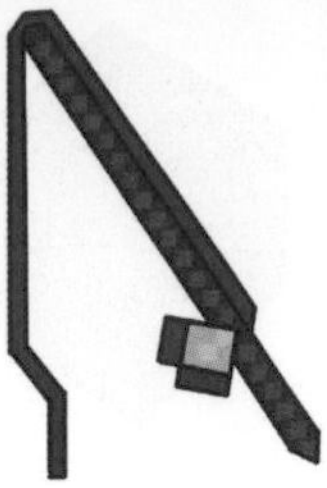

F	U	R	N	A	C	E	M	W	K	P	A
T	G	X	D	R	Q	T	P	K	L	D	T
A	K	R	B	Q	Y	S	X	L	V	J	R
E	E	T	I	R	W	Z	B	A	R	D	D
F	T	D	T	N	B	G	N	R	E	Y	T
E	L	G	A	D	D	C	D	E	O	G	M
D	M	R	R	R	E	S	R	H	S	I	F
M	I	L	V	M	T	B	T	Y	Y	N	V
M	N	M	E	Q	T	Q	L	O	Y	P	Y
D	E	N	K	V	G	Q	N	J	N	B	V
R	T	J	L	N	T	X	D	G	Y	E	D

ORBS
BREED
ADVANCEMENT
MINE
TRADE
GRINDSTONE
DEFEAT
FISH
FURNACE

UPDATES

S	F	F	I	L	C	D	N	A	S	E	V	A	C
E	T	V	T	B	W	Y	E	B	Y	R	E	Z	V
G	L	L	T	O	M	G	V	Z	X	X	W	B	V
A	Q	N	R	G	A	D	R	G	P	R	L	L	J
L	L	L	R	L	J	A	L	L	Y	T	N	J	R
L	D	B	L	U	Q	J	O	R	A	N	W	J	M
I	M	I	N	U	B	R	R	B	Q	C	M	M	M
P	V	X	A	V	E	T	M	Y	O	L	B	M	R
D	V	T	Y	R	L	O	S	L	G	L	K	M	N
D	I	X	W	R	C	D	O	O	V	B	B	J	V
C	D	V	K	Z	V	R	D	Z	R	N	G	N	T
N	N	Y	Y	P	Y	K	L	M	N	F	N	K	D

AQUATIC
FROSTBURN
EXPLORER
VILLAGE
PILLAGE
WORLD
COLOR
COMBAT
CAVES AND CLIFFS

BLUE THROUGH AND THROUGH

I	B	L	U	E	O	R	C	H	I	D	E
Q	L	M	B	R	P	P	K	M	L	C	K
S	X	U	B	E	T	O	Y	T	I	R	Y
O	T	B	Z	W	A	P	T	E	M	R	W
U	Y	R	B	A	J	C	U	I	J	L	N
L	L	M	D	X	L	L	O	G	O	R	K
F	A	R	R	P	B	S	G	N	R	N	D
I	R	E	T	A	W	J	I	K	Z	Y	V
R	O	M	W	R	D	Y	K	P	E	B	B
E	C	D	W	K	N	Z	J	Y	A	N	L
D	G	V	M	N	R	D	N	Z	D	L	K

POTION
CORAL
LAPIS LAZULI
SOUL FIRE
BLUE ICE
DYE
BEACON
WATER
BLUE ORCHID

STATUS EFFECTS

R	L	S	H	U	N	G	E	R	B
H	E	M	S	V	L	D	R	L	M
T	S	S	K	E	E	U	I	Y	G
G	L	W	I	E	N	N	C	N	P
N	O	A	P	S	D	K	I	K	N
E	W	S	E	N	T	W	A	L	T
R	N	D	E	S	O	A	P	E	T
T	E	S	Y	L	U	D	N	V	W
S	S	T	G	N	Z	A	Y	C	K
T	S	R	T	L	N	T	N	R	E

HUNGER
BLINDNESS
WEAKNESS
NAUSEA
SPEED
STRENGTH
SLOWNESS
RESISTANCE
LUCK
GLOWING

ANIMATED BLOCKS

E	N	I	R	A	M	S	I	R	P
S	E	A	G	R	A	S	S	L	Y
R	T	P	M	V	A	K	A	F	Y
A	E	N	Z	V	N	N	I	K	N
M	N	T	A	P	T	R	P	R	M
G	P	L	A	E	E	R	Y	T	D
A	P	L	R	W	X	Y	N	N	D
M	Z	N	E	K	L	Q	M	M	L
J	W	W	Z	K	G	R	M	W	J

WATER
MAGMA
FIRE
LAVA
SEAGRASS
LANTERN
PRISMARINE
KELP

HEALTH

N	O	I	T	A	R	E	N	E	G	E	R
R	O	D	Q	L	V	W	K	S	M	M	Y
E	G	I	J	N	M	R	T	E	B	Z	R
G	O	H	T	T	D	N	T	A	R	Z	Y
N	L	E	R	P	I	E	B	P	L	Z	T
U	D	A	K	O	R	Z	O	P	D	R	P
H	E	R	P	Q	M	O	O	L	N	D	N
G	N	T	K	Q	V	Y	S	E	G	X	L
N	G	B	R	M	Q	P	T	B	L	J	W
L	N	Y	X	M	L	Q	L	M	A	Q	X

HUNGER
METER
POINTS
HEART
REGENERATION
GOLDEN
APPLE
ABSORPTION
BOOST

DAMAGE

K	G	N	I	N	T	H	G	I	L	L
C	N	M	D	H	Q	Y	Z	Y	R	N
R	B	O	I	M	T	R	T	V	M	R
I	K	T	C	L	P	I	N	M	J	N
T	S	C	I	K	N	D	O	N	Q	N
I	P	V	A	U	B	B	Q	L	L	T
C	N	N	M	T	S	A	L	A	V	A
A	Z	M	J	K	T	A	C	N	D	P
L	I	D	X	R	F	A	M	K	G	Y

IMMUNITY
CRITICAL
HITS
KNOCKBACK
LIGHTNING
MOBS
ATTACK
FALL
ANVIL
LAVA

NEED FOR SPEED

R	Y	T	M	D	K	K	R	Q	W	R	J
S	E	Q	Y	D	O	D	Q	O	L	L	Y
S	W	N	M	Z	R	L	R	N	G	N	Z
P	O	I	D	J	R	R	P	N	J	T	M
O	J	U	F	E	A	B	I	H	P	Y	W
T	G	Q	L	T	R	T	E	N	I	N	Z
I	R	R	Z	S	N	P	T	A	M	N	G
O	J	T	I	I	P	E	E	M	C	D	M
N	M	T	R	D	N	E	S	A	J	O	B
J	Q	P	G	X	I	Z	E	S	R	Z	N
L	S	L	P	M	J	N	Q	D	N	L	D
N	R	Y	J	V	K	L	G	J	G	D	S

SWIFTNESS
POTION
ARROW
BEACON
SPRINTING
RIDING
SOUL SPEED
DOLPHIN
ENDER PEARL

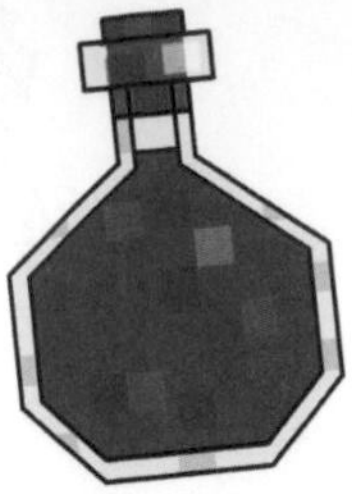

SO SLOW

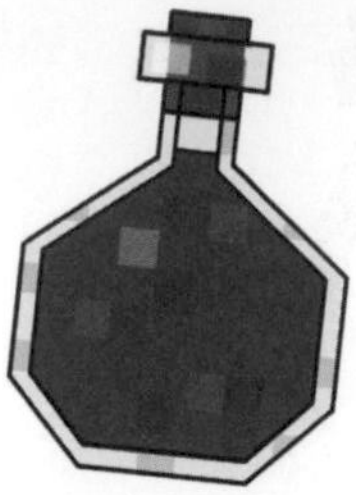

S	N	E	A	K	I	N	G	Y
O	L	P	O	T	I	O	N	E
U	B	O	D	H	E	M	L	B
L	M	M	W	M	O	T	V	M
S	L	A	I	N	R	N	K	T
A	Y	L	R	U	E	Q	E	L
N	S	L	T	R	W	S	M	Y
D	J	R	G	G	O	Q	S	R
S	P	M	V	L	J	W	R	D

SLOWNESS
TURTLE
SLIME
POTION
SNEAKING
HONEY
ARROW
SOUL SANDS

MAKE A MOVE

W	R	R	M	B	K	J	Q	T
N	A	W	I	A	Q	H	M	V
S	Z	L	E	D	C	R	Y	N
J	P	N	K	U	E	Z	J	R
U	S	R	O	C	L	I	M	B
M	F	R	I	S	W	I	M	M
P	C	L	Q	N	G	B	D	L
M	Y	P	Y	N	T	N	R	L

WALK
SPRINT
JUMP
CLIMB
FLY
RIDE
SWIM
CROUCH
SNEAK

TRADING

B	L	A	C	K	S	M	I	T	H	Y	N	W
T	Y	T	N	S	D	W	Y	L	V	X	N	W
Z	Y	V	L	Q	E	Y	K	M	M	R	M	M
E	B	Q	D	F	N	C	M	R	O	Y	E	G
Q	M	G	X	M	A	Q	R	M	E	L	Q	K
G	N	E	J	C	K	R	R	U	O	L	V	G
P	Z	D	R	B	N	A	M	G	O	I	C	T
Q	Y	O	Z	A	G	V	N	E	L	S	M	T
T	P	M	D	P	L	O	B	L	R	J	E	Y
S	L	B	D	M	R	D	A	R	K	D	B	R
T	Y	K	M	I	Z	G	S	M	B	Q	T	N
R	N	L	M	B	E	B	D	M	M	X	T	N

VILLAGE	CLERK	CROPS
EMERALDS	IRON GOLEM	RESOURCES
BLACKSMITH	FARMER	ARMOR

USES FOR LIGHT AND FIRE

Y	A	P	D	M	L	B	Q	Y	W
T	T	C	T	E	G	R	I	E	F
E	C	M	T	N	S	R	P	L	Z
F	J	O	B	I	E	T	N	T	N
A	M	J	O	R	V	R	R	Q	P
S	W	E	A	K	U	A	K	O	Q
T	Y	C	L	B	D	R	T	P	Y
Q	S	Y	D	T	R	R	D	E	K

ACTIVATE
DESTROY
SAFETY
SCARE
GRIEF
COOK
BURN
MELT

RAW MEAT

Q	J	M	J	M	W	Y	Y	Q	M	H	R
P	O	R	K	C	H	O	P	D	S	T	M
C	T	L	Z	B	T	T	L	E	I	R	F
H	L	M	N	P	M	V	L	B	T	E	L
I	M	N	M	Z	S	F	B	Y	E	D	Y
C	X	U	W	Q	N	A	R	B	O	L	D
K	V	X	T	E	R	T	L	C	N	G	N
E	L	N	T	T	R	L	R	M	J	R	W
N	Q	T	K	R	O	Q	X	G	O	B	L
B	O	V	D	T	L	N	R	T	Z	N	T
R	P	V	Q	B	L	P	Q	Q	Q	J	G

BEEF
CHICKEN
SALMON
PORKCHOP
MUTTON
ROTTEN FLESH
RABBIT
COD

NOOB LIFE

M	L	O	T	A	T	O	P	N	O	S	I	O	P
E	I	E	M	I	N	E	B	E	D	R	O	C	K
S	R	N	V	X	Z	W	W	N	Z	L	R	N	K
U	A	M	E	O	M	V	Y	A	E	D	T	L	Y
O	G	Q	T	D	H	M	N	V	J	T	L	Z	P
H	E	P	L	P	I	S	R	A	R	J	L	Y	N
T	Q	Y	P	Q	D	A	N	L	B	L	Z	J	N
R	U	Z	R	R	T	N	M	E	R	J	M	L	R
I	I	Y	O	S	X	V	D	O	D	M	N	M	D
D	T	W	B	P	P	N	Z	Z	N	O	Q	J	L
W	N	K	M	L	L	K	M	B	G	D	O	J	D
G	K	M	B	X	J	B	R	X	R	B	S	W	T

DIRT HOUSE
MINE BEDROCK
LAVA
WOODEN SHOVEL
STARVE
POISON POTATO
MINE DIAMONDS
DROWN
RAGE QUIT

SPAWN MONSTERS

V	T	W	H	Y	D	N	M	Q	R	V	J	Y
C	A	V	E	S	P	I	D	E	R	N	E	N
G	M	L	Q	T	I	T	R	Q	N	K	Y	D
S	G	A	M	P	X	F	B	X	C	Z	Z	J
T	K	Y	G	R	N	M	R	O	J	O	Z	K
Y	W	E	Y	M	D	L	J	E	M	G	W	Z
P	G	M	L	R	A	R	B	B	V	P	M	V
I	X	T	K	E	E	C	I	L	V	L	B	Y
G	B	R	M	D	T	E	U	J	A	N	I	Q
Y	Y	N	I	M	N	O	N	B	T	Z	V	S
L	B	P	B	X	Y	Y	N	L	E	N	E	Q
L	S	Y	N	R	B	Y	Q	V	R	X	M	W

PIG
ZOMBIE
MAGMA CUBE
CAVE SPIDER
SKELETON
SPIDER JOCKEY
SILVERFISH
BLAZE

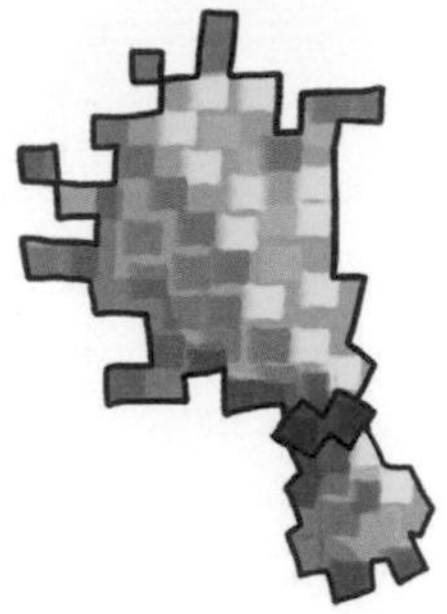

CROP FARMING

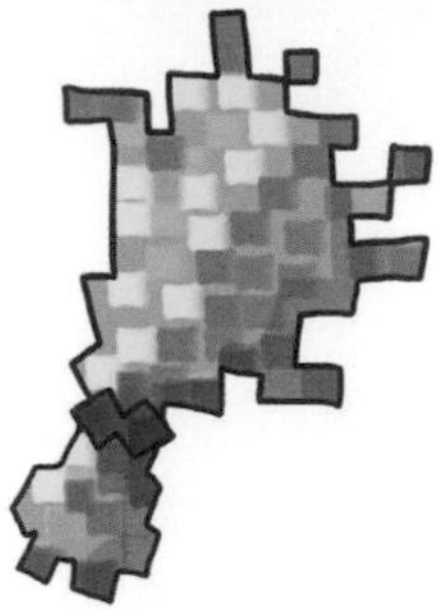

B	T	L	Y	L	W	H	E	A	T
S	Y	O	P	L	A	N	T	R	W
W	T	B	O	R	J	B	V	L	D
O	B	O	V	R	E	S	A	J	N
R	T	E	R	E	T	E	E	T	J
R	S	A	S	R	M	E	H	E	J
T	E	X	T	E	A	G	E	M	D
M	M	T	N	O	I	C	D	B	Q
D	Q	O	A	L	P	T	P	L	V
R	B	Y	W	W	Y	Z	N	W	B

SEED	WHEAT	WATER
CARROT	PLANT	LIGHT
POTATO	ROWS	BONE MEAL
BEETROOT	HARVEST	BEES

SURVIVAL MODE

B	A	T	T	L	E	B	B	Y	J	J	X	T	W
N	O	G	A	R	D	R	E	D	N	E	D	T	Q
R	Q	R	X	S	B	O	W	X	R	L	Q	R	P
E	A	X	A	P	P	N	B	A	R	T	Y	N	B
N	Q	B	M	B	J	A	I	S	Q	L	L	R	Z
D	R	B	H	Y	R	D	W	Y	I	E	W	D	N
P	E	R	Z	T	L	E	Q	N	G	D	I	D	B
O	H	G	M	Z	L	V	G	A	P	A	I	J	N
E	T	Q	Z	Y	J	A	M	N	M	O	T	A	P
M	I	M	L	T	Y	A	E	O	U	Z	I	M	N
T	W	T	M	M	D	R	N	H	B	H	N	N	Q
M	D	W	R	E	L	D	Y	P	J	L	X	N	T
G	Y	Y	K	B	S	J	N	Q	R	W	M	J	K
R	T	A	L	D	T	X	K	R	N	W	L	L	D
R	T	N	L	D	R	W	D	Y	D	Y	J	Q	Y

BATTLE
RAID
HUNGER BAR
HEALTH BAR
TAKE DAMAGE
SPAWN POINT
DIAMONDS
OBSIDIAN
ENDER DRAGON
WITHER
END POEM

ANIMAL FARMING

T	A	E	M	D	E	K	O	O	C
J	D	C	D	E	E	R	B	D	V
K	P	N	V	C	S	P	I	G	S
W	E	E	Y	H	G	G	W	D	V
O	E	F	N	I	M	O	G	P	M
O	H	G	M	C	C	M	E	E	Y
L	S	M	D	K	P	N	P	N	D
X	G	W	M	E	L	R	L	J	P
M	T	Z	N	N	T	J	R	M	B

FENCE
PEN
COW
CHICKEN
EGGS
PIGS
SHEEP
WOOL
BREED
COOKED MEAT

BAKING

S	N	A	E	B	A	O	C	O	C
H	M	X	K	Q	V	O	R	M	B
U	Z	L	A	R	O	Q	B	M	Z
N	R	M	C	K	W	H	E	A	T
G	N	A	I	D	A	E	R	B	J
E	Y	E	G	L	P	R	P	Y	T
R	S	V	R	U	K	E	G	G	S
D	T	M	R	Y	S	T	N	L	V

WHEAT
HUNGER
BREAD
CAKE
COOKIES
MILK
SUGAR
EGGS
COCOA BEANS

KEY CRAFTING RECIPES

E	L	B	A	T	G	N	I	T	F	A	R	C	J
S	F	Q	G	Q	V	L	Z	N	Q	G	G	W	Y
S	M	E	R	R	V	J	M	X	W	H	O	W	L
A	F	M	N	M	J	V	Y	V	C	O	M	R	L
P	M	U	W	C	W	N	J	R	D	Y	Z	B	T
M	S	R	R	P	E	K	O	E	M	B	T	L	J
O	T	W	B	N	P	T	N	J	E	P	X	T	K
C	A	R	V	L	A	P	Z	D	Q	D	Y	D	A
T	I	K	M	Y	L	C	H	E	S	T	O	X	L
Y	R	Y	T	A	L	M	E	J	T	O	E	N	T
L	S	A	N	G	W	B	P	L	R	Y	R	V	P
M	O	K	B	W	R	R	B	M	M	L	N	R	Y
B	G	J	M	Q	T	V	T	R	G	Z	Z	X	Z

TORCH	FURNACE	DOOR
BED	CHEST	FENCE
WOODEN PLANK	STAIRS	BOAT
CRAFTING TABLE	AXE	COMPASS

INK COLORS

A	T	N	E	G	A	M	G	D	L
Z	L	T	Y	G	L	R	X	I	P
E	K	I	R	E	E	I	G	D	N
T	G	D	G	E	L	H	M	X	P
B	V	N	N	H	T	L	E	E	K
L	E	M	A	B	T	L	O	N	N
A	J	T	L	R	P	G	I	W	T
C	R	U	I	R	O	P	R	Y	G
K	E	E	U	H	Y	P	T	A	G
D	T	P	D	T	W	Q	M	D	Y

WHITE
RED
ORANGE
PINK

YELLOW
LIME
GREEN
LIGHT BLUE

MAGENTA
PURPLE
LIGHT GRAY
BLACK

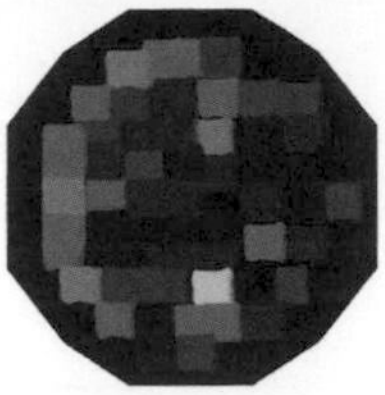

PROJECTILES

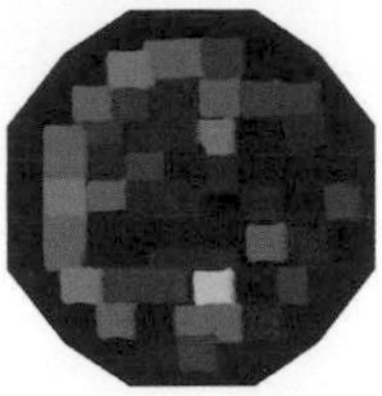

L	T	R	R	R	Q	B	Q	B	P	R	D	N	Y	Y	P
L	I	N	G	E	R	I	N	G	P	O	T	I	O	N	S
A	R	J	Y	L	J	P	X	B	Q	R	D	F	N	G	T
B	L	E	Z	R	Z	Q	N	T	I	G	I	M	N	X	D
W	E	Q	N	N	D	L	X	D	M	R	M	Y	Y	D	J
O	Y	X	J	D	N	N	E	P	E	Q	V	P	B	X	J
N	E	N	R	Q	E	N	D	C	Q	Y	N	N	T	L	T
S	O	T	J	Y	T	R	H	W	O	R	R	A	Z	D	G
G	F	L	L	V	T	A	P	B	R	K	L	R	R	G	G
B	E	K	L	Y	R	Q	B	E	Y	T	L	T	E	R	D
V	N	X	W	G	P	Z	Y	N	A	X	G	J	Y	J	B
R	D	Q	E	Y	W	T	N	J	T	R	K	J	D	W	L
T	E	D	B	Q	B	Y	Z	M	L	N	L	R	T	Y	L
B	R	Q	Q	Y	R	P	N	Y	Y	G	B	L	R	L	J

TRIDENT
ARROW
FIRE CHARGE
SNOWBALL
LINGERING POTIONS
EGG
EYE OF ENDER
ENDER PEARL

UNDEAD MOBS

Z	N	R	U	B	N	G	B	M	P	L	J	Z	B	N
O	R	O	B	X	T	X	G	T	G	X	J	J	I	B
M	Y	W	T	J	D	L	M	G	T	V	N	L	M	P
B	N	E	S	E	T	J	L	G	Z	X	G	J	Z	Y
I	O	J	K	P	L	S	U	N	L	I	G	H	T	N
E	T	P	L	C	I	E	V	Z	P	Y	L	W	M	J
V	E	T	P	X	O	D	K	D	R	E	H	T	I	W
I	L	V	T	R	K	J	E	S	T	T	N	G	G	N
L	E	D	Y	Z	Z	I	N	R	R	R	J	Q	M	G
L	K	X	K	L	F	D	N	E	J	E	Z	Y	M	L
A	S	Y	Q	I	Q	L	L	T	K	O	H	L	L	J
G	K	N	B	T	P	D	B	G	M	C	C	T	Y	V
E	Y	M	M	B	X	W	J	B	D	B	I	K	I	P
R	O	Y	M	T	L	K	I	X	K	M	D	H	E	W
Z	P	X	N	L	Q	E	Q	Y	P	R	K	K	C	Y

ZOMBIFIED PIGLIN
ZOMBIE VILLAGER
WITHER
WITHER SKELETON
SKELETON
CHICKEN JOCKEY
SPIDER JOCKEY
ZOMBIE
SUNLIGHT
BURN

CREATIVE MODE

C	P	R	B	L	L	M	N	X	T	Q	Q	M	Y
O	R	T	T	Y	Y	Q	V	N	M	N	D	S	G
M	V	T	M	J	G	X	N	X	R	J	P	N	N
M	I	Y	D	X	R	D	P	J	T	A	I	J	X
A	K	N	Q	W	V	T	R	D	W	Y	R	G	N
N	C	J	V	J	E	V	M	N	L	E	P	M	B
D	O	N	L	I	X	R	E	F	D	B	N	R	X
B	L	Y	W	M	N	G	O	L	Q	W	B	I	B
L	B	G	X	Y	G	C	I	L	N	Q	D	W	M
O	K	X	R	S	J	U	I	L	P	B	V	D	D
C	C	K	P	Y	B	K	Q	B	L	X	J	N	V
K	I	P	G	R	Q	J	Z	Q	L	J	E	J	G
S	P	N	D	D	D	M	J	R	P	E	Z	M	T

EXPLORE
BUILD
MINE
FLYING
INVINCIBLE
PICK BLOCK
SPAWN EGGS
COMMAND BLOCKS

SURVIVING THE FIRST NIGHT

C	R	A	F	T	I	N	G	T	A	B	L	E	T
W	R	R	T	N	T	S	V	L	X	P	Y	H	J
O	K	J	T	I	W	M	R	M	L	R	G	Z	M
O	Q	P	R	O	V	R	D	G	W	I	B	K	L
D	P	J	R	P	P	W	J	W	L	T	T	Z	G
E	Z	D	J	N	M	N	K	Y	J	Z	N	L	M
N	P	K	K	W	T	G	A	M	X	W	B	P	T
T	S	L	Z	A	T	D	R	E	T	L	E	H	S
O	P	E	B	P	Y	R	J	M	Y	Q	G	J	T
O	R	E	V	S	M	M	E	J	T	I	Y	L	R
L	D	G	E	A	P	D	X	E	N	Z	P	Q	N
S	L	R	L	H	C	R	D	R	S	N	D	Q	Z
Y	T	Z	K	R	S	M	R	M	Z	G	B	T	X

TREES
CRAFTING TABLE
WOODEN TOOLS
SWORD
SHEEP
BED
SPAWN POINT
SHELTER
DAYLIGHT
NIGHT
CAVES

DEFEATING THE ENDER DRAGON

W	O	R	R	A	D	N	A	W	O	B	D	D	Q	D	G
E	M	B	N	Y	Z	R	G	M	L	O	I	N	L	T	M
N	W	Q	E	T	Y	B	A	A	D	A	B	O	Z	R	P
C	K	W	J	N	L	Y	T	G	M	D	H	Q	K	J	L
H	E	N	L	Q	D	R	E	O	O	G	X	K	L	A	D
A	D	Y	M	R	O	E	N	N	N	N	W	R	T	W	S
N	N	N	E	P	A	D	R	O	T	A	E	S	D	L	N
T	T	J	D	S	S	E	R	M	T	Y	Y	G	L	V	B
M	B	N	K	W	O	T	P	E	E	R	N	A	G	Y	R
E	E	D	O	B	S	F	R	R	C	N	B	N	M	Y	Z
N	J	R	L	V	R	B	E	D	E	E	X	Y	G	M	N
T	D	M	V	G	U	T	N	N	R	D	T	D	T	Q	G
S	B	Y	R	C	D	E	J	I	D	O	N	Y	J	N	B
M	J	P	K	T	J	Y	F	Z	W	E	R	E	D	M	T
T	M	E	V	D	M	M	N	E	Y	W	R	D	R	B	R
P	T	J	Z	L	L	J	R	Y	W	Y	N	D	G	G	L

ENDER PEARL
TOWER
BOW AND ARROW
EYES OF ENDER
END CRYSTAL
ENCHANTMENTS
STRONGHOLD
DODGE
WATER BUCKET
END PORTAL
FIREBALLS
DRAGON EGG
ENDERMEN
DIAMOND SWORD

DEFEATING THE WITHER

U	L	T	I	M	A	T	E	C	H	A	L	L	E	N	G	E
N	P	B	Y	Q	H	R	T	Y	M	M	Z	R	T	M	M	Z
S	E	B	N	Q	E	Y	Y	T	L	P	N	T	W	B	N	D
N	X	T	R	T	A	Q	M	Z	K	G	G	V	X	N	R	M
O	Z	B	H	Q	D	R	B	Q	N	Z	D	J	X	J	L	K
I	S	G	L	E	S	E	L	P	P	A	N	E	D	L	O	G
T	K	L	Z	K	R	Y	L	J	L	Y	G	L	T	T	Y	K
O	X	B	L	N	O	I	S	O	L	P	X	E	T	L	D	M
P	D	I	T	U	M	B	T	N	B	P	J	W	B	Y	B	R
G	M	R	B	Z	K	Q	O	E	R	L	K	M	L	K	L	N
N	L	G	W	P	Y	S	Z	M	S	N	L	N	M	Q	Z	X
I	M	B	P	P	W	P	N	R	S	W	Q	N	Z	N	Y	L
L	L	L	V	I	K	V	N	Q	R	S	O	Z	N	T	J	P
A	D	V	T	D	B	T	D	N	L	W	O	R	T	B	G	D
E	V	H	G	R	B	R	J	L	M	T	B	B	D	G	T	L
H	E	B	B	L	Y	D	N	R	B	R	B	M	K	M	Q	X
R	B	M	N	J	B	Y	N	Q	L	L	Y	L	X	Z	J	X

EXPLOSION
WITHER
ULTIMATE CHALLENGE
HEADS
GOLDEN APPLES
BOSS MOB
SKULLS
MILK
NETHERITE SWORD
HEALING POTIONS

MULTIPLAYER MODE

C	S	M	A	E	T	P	Y	J	P	B
L	O	V	G	Q	K	S	Q	Z	T	M
A	S	M	Z	N	K	Y	S	M	Z	B
U	D	W	P	I	I	M	D	Y	J	K
G	N	B	N	E	L	F	S	X	Q	L
H	E	S	L	A	T	E	E	L	R	Z
I	I	D	E	J	R	I	Y	I	A	N
N	R	R	L	V	N	N	T	T	R	N
G	F	X	E	I	D	T	Y	I	Z	G
B	M	R	V	T	U	P	X	Y	O	M
P	J	M	M	Q	Q	B	G	D	Z	N

FRIENDS
TEAMS
SKINS
COMPETITION
GRIEFING
LAUGHING
SERVER
LAN
REALMS
BUILD

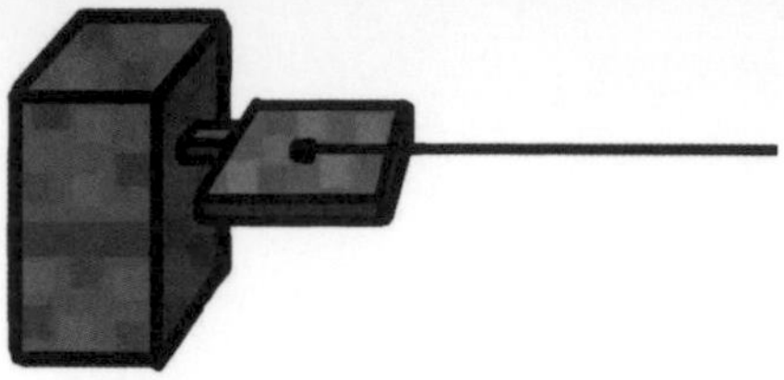

TRAPS

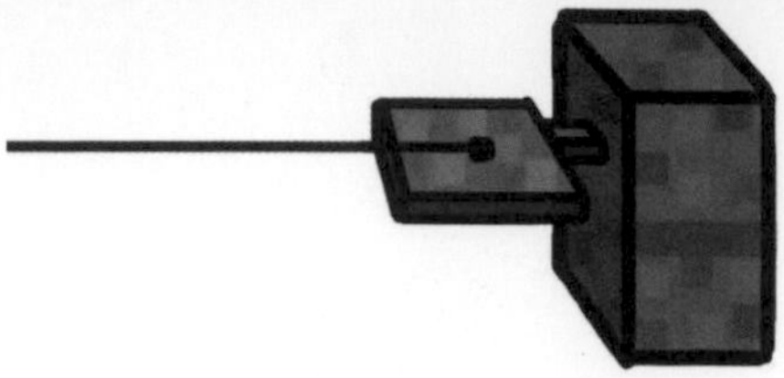

E	T	A	L	P	E	R	U	S	S	E	R	P
N	W	Y	J	Q	J	P	N	D	L	R	J	V
O	A	E	T	Z	L	T	I	A	R	T	W	N
T	T	K	R	A	R	S	V	E	M	M	Z	R
S	E	Z	Y	I	P	A	D	B	X	L	W	Y
I	R	E	G	E	W	S	L	A	M	I	N	A
P	R	G	N	M	T	P	I	T	F	A	L	L
S	E	S	T	O	O	W	I	Q	W	X	M	V
R	E	N	N	W	D	B	Y	R	J	W	D	J
R	K	E	T	J	Y	G	S	T	T	B	D	B

ANIMALS
MOBS
PLAYERS
TRIGGER
PRESSURE PLATE
TRIPWIRE
PISTON
TNT
DISPENSER
LAVA
PITFALL
WATER
REDSTONE

HEATING UP

C	O	L	B	N	J	R	J	J	Q	B	L	T	M	Z
H	T	R	P	D	P	N	P	L	T	D	M	E	D	P
A	E	N	E	Y	B	O	N	W	E	Q	K	J	U	Y
R	M	C	Y	N	B	B	H	X	Y	M	L	L	R	F
C	L	G	A	D	J	T	P	C	O	O	K	I	N	G
O	G	M	E	N	P	E	P	T	K	J	M	R	M	K
A	V	N	Y	C	R	J	R	N	T	R	B	N	A	M
L	J	R	I	I	A	U	Y	D	L	B	O	E	B	N
A	W	J	E	T	Y	N	F	B	J	J	T	P	B	M
O	D	N	Y	R	L	R	R	T	T	S	K	X	I	R
C	C	V	Q	V	E	E	X	U	S	L	Y	N	G	V
E	D	O	O	W	Q	K	M	L	F	A	G	N	M	B
J	D	T	Q	W	Y	Y	O	S	Z	O	L	V	B	R
Q	J	R	T	V	G	Y	T	M	T	M	Q	B	B	J
P	R	B	D	Z	T	G	K	N	S	N	N	J	P	M

FURNACE
SMELTING
BLAST FURNACE
SMOKER
FUEL
COAL
CHARCOAL
WOOD
COOKING
PORKCHOP
STEAK
ORE
INGOT
EXPERIENCE

SOUNDS

R	Y	R	G	Q	K	L	P	M	D	B	T	M	C
C	E	B	U	R	N	I	N	G	L	A	V	A	Z
S	L	T	G	N	I	N	A	O	M	K	V	M	G
H	H	A	A	N	E	T	H	E	R	E	U	N	L
R	I	G	T	W	L	V	W	Y	N	S	I	Y	J
I	S	D	N	T	R	T	R	T	I	O	P	N	Z
E	S	L	B	I	E	E	Y	C	O	M	T	L	X
K	I	K	Q	L	N	R	D	M	L	M	T	N	Y
I	N	M	R	V	K	I	I	N	L	G	K	Y	Y
N	G	R	N	J	S	D	M	N	U	R	K	J	M
G	D	X	N	C	J	X	X	Q	G	L	R	L	Y

CAVE
UNDERWATER
NETHER
HISSING
MOANING
MOOING
BURNING LAVA
SHRIEKING
CLATTERING
MINING
MUSIC DISC

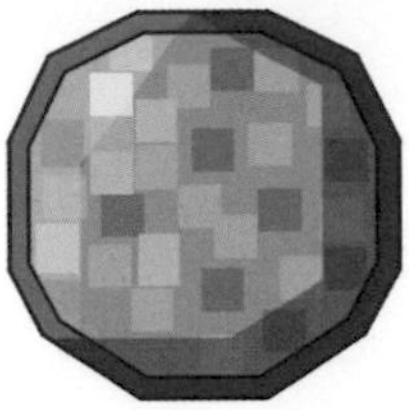

STICKY SITUATIONS

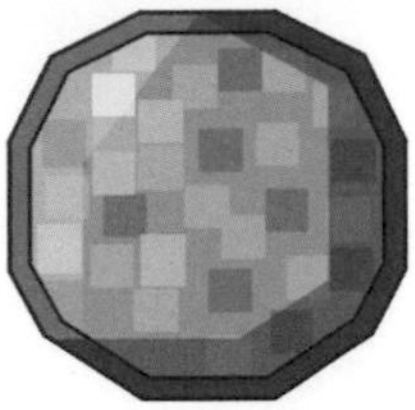

S	J	Y	N	M	P	D	X	N	M	B	G	P
K	T	S	K	N	U	H	C	E	M	I	L	S
C	L	I	L	T	Y	I	Q	P	B	R	T	L
O	Q	L	C	L	L	R	D	Q	D	M	R	L
L	J	D	A	K	A	Y	D	E	X	J	R	X
B	S	X	D	M	Y	B	D	W	M	Y	X	T
Y	N	B	Q	Y	S	P	E	Y	N	G	B	V
E	Y	Z	E	L	Q	L	I	M	Z	R	Q	M
N	J	W	I	W	L	T	M	S	I	L	Y	Y
O	R	M	R	K	B	N	R	M	T	L	L	J
H	E	V	M	R	W	O	J	D	W	O	S	G
Q	D	N	K	W	Z	T	C	Y	N	R	N	G

SLIME
SMALL
MEDIUM
BIG
SLIME BALL
STICKY PISTON
COBWEBS
HONEY BLOCK
SLIME CHUNKS

SUPER STRENGTH

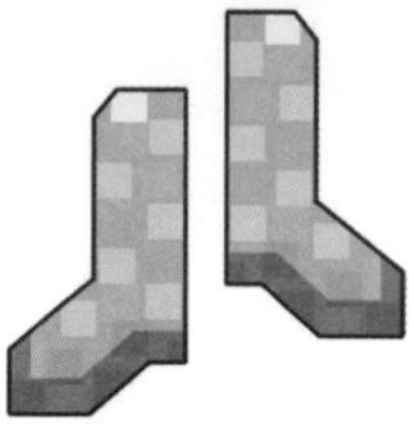

K	C	O	L	B	D	N	A	M	M	O	C	M
E	L	B	A	K	A	E	R	B	N	U	D	Q
G	K	T	D	R	O	G	D	R	N	Y	B	T
A	G	C	Q	N	N	B	R	G	T	T	J	T
M	G	T	O	I	N	R	S	I	D	K	L	A
A	L	D	D	R	M	G	L	I	Z	Y	R	J
D	Q	N	I	N	D	I	R	D	D	M	R	D
D	E	Y	J	A	B	E	V	N	O	I	B	N
M	L	D	V	A	M	L	B	R	Q	M	A	Q
D	T	L	R	Z	B	O	L	Y	Z	V	T	N
R	K	U	R	W	B	Y	N	B	J	Z	R	M
Q	D	X	D	Z	J	X	R	D	B	B	D	B

UNBREAKABLE
ARMOR
DAMAGE
MENDING
DIAMOND
BEDROCK
OBSIDIAN
DURABILITY
COMMAND BLOCK

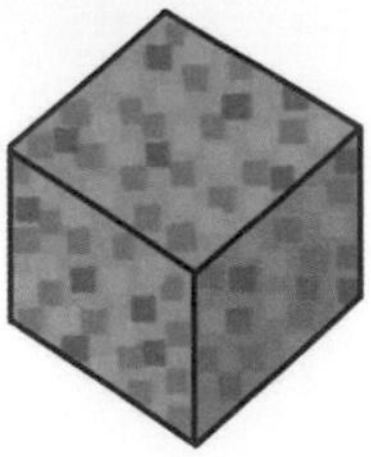

PIXEL ART

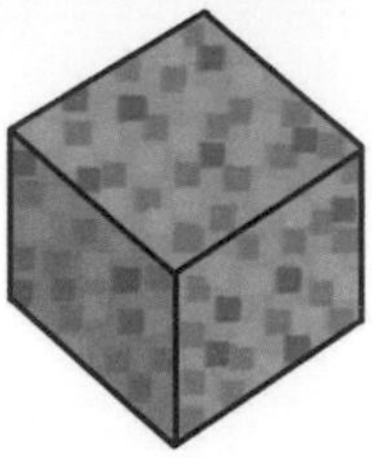

C	P	V	G	B	G	X	Q	L	V	P	X
O	A	J	Q	D	I	R	G	N	P	B	T
N	M	T	T	Q	T	T	L	Y	L	E	Y
C	J	Q	W	T	Q	R	T	U	R	L	L
R	Q	N	D	N	M	T	F	R	X	O	T
E	J	Q	B	B	B	R	A	R	O	V	M
T	K	X	S	L	O	C	Q	W	Q	P	Q
E	Z	T	T	L	O	X	S	T	L	Y	K
G	Y	Q	O	T	E	C	B	L	B	L	R
T	Z	C	T	F	A	X	K	T	L	L	D
B	B	A	T	L	U	Y	I	S	Y	M	M
M	R	J	E	M	T	N	Z	P	V	W	R

SCALE
MAP
GRID
PIXELS
BLOCKS
WOOL
CONCRETE
TERRACOTTA
FUN
COLORFUL

ZOMBIES

B	D	R	O	W	N	E	D	R	Z	R	L
A	S	J	E	P	H	V	V	M	V	K	R
B	K	R	Z	V	G	O	N	G	C	O	J
Y	S	R	J	R	A	D	S	A	T	P	J
Z	U	D	E	S	A	C	T	T	S	Q	G
O	H	E	V	E	T	T	E	U	I	R	V
M	N	P	D	M	A	N	N	N	O	L	Y
B	T	N	O	D	F	L	A	S	R	Z	E
I	U	A	W	L	I	Y	S	I	Q	U	M
E	N	P	E	G	M	N	K	Q	G	D	B
P	Y	S	H	N	D	R	W	T	N	D	G
N	H	T	W	B	N	N	B	L	Y	J	Q

MOAN
UNDEAD
GREEN
HOSTILE
ATTACK
GROSS
BURN
SUNLIGHT
HUSKS
DROWNED
BABY ZOMBIE
GIANTS
ROTTEN FLESH
CAVE

GUARDIANS

E	T	U	N	D	E	R	W	A	T	E	R	D	S
L	S	N	P	D	P	Q	G	Y	M	N	J	P	L
I	L	W	E	P	D	R	Z	R	M	R	I	B	D
T	A	H	I	M	R	J	R	T	L	K	G	G	X
S	T	J	S	M	U	I	L	A	E	Z	E	Y	E
O	S	W	W	I	D	N	S	S	N	Q	B	K	G
H	Y	G	P	M	F	E	O	M	P	L	K	S	B
M	R	R	W	B	R	R	W	M	A	J	D	W	N
T	C	V	W	B	P	T	E	V	N	R	M	Y	Y
B	T	V	E	L	M	B	K	F	A	A	I	B	X
B	J	A	B	W	Q	M	J	H	F	W	E	N	Y
Y	M	W	N	M	M	P	S	Y	T	U	N	C	E
Y	D	N	R	J	R	M	B	Y	L	Y	P	D	O

UNDERWATER
OCEAN MONUMENT
LASER BEAM
PUFFERFISH
HOSTILE
PRISMARINE
SHARDS
CRYSTALS
EYE
SPIKES
SWIM

CHILL OUT

M	E	C	I	D	E	K	C	A	P	S	L	K
E	K	R	G	A	N	D	T	W	N	X	X	L
L	P	L	E	N	G	D	U	I	O	T	X	T
O	O	S	J	K	Y	I	A	T	Z	N	U	J
G	L	Y	N	Y	L	T	A	S	I	N	S	J
W	A	I	L	O	N	A	N	T	D	T	D	T
O	R	D	C	U	W	O	W	R	J	Y	L	T
N	B	S	O	E	W	B	A	T	N	G	V	A
S	E	M	O	B	B	M	L	R	S	G	M	L
N	A	M	A	O	D	L	T	O	Y	O	Q	Y
T	R	L	R	J	L	P	O	T	C	D	R	N
B	L	V	X	X	G	G	Y	C	Y	K	R	F
L	T	B	B	Y	B	J	I	Y	K	L	D	Y

TUNDRA
TAIGA
ICE BLOCK
PACKED ICE
FROST WALKER
ALTITUDE
MOUNTAINS
SNOW
SNOW GOLEM
SNOW BALL
SNOW BLOCK
POLAR BEAR
IGLOOS

GETTING WARMER

T	O	R	C	H	J	B	T	S
Z	Z	E	G	P	L	W	L	Y
R	R	N	C	A	L	L	T	N
N	P	T	Z	A	A	A	U	Q
E	E	E	Z	B	N	S	V	B
R	W	T	E	N	W	R	L	A
I	Q	R	H	M	J	J	U	M
F	I	B	K	E	P	L	V	F
F	Q	L	M	Y	R	V	R	Z

TORCH
FIRE
LAVA
SUN
FIREBALLS
FURNACE
NETHER
BLAZE

FENCES

N	E	T	H	E	R	B	R	I	C	K
B	W	O	O	D	E	N	A	N	M	R
I	Q	N	Q	X	E	I	E	P	Q	G
R	B	L	D	C	C	P	T	J	J	B
C	Y	Y	U	A	L	E	U	T	Y	T
H	T	R	C	A	R	N	T	V	Y	L
Z	P	A	M	L	G	K	K	A	P	Y
S	B	I	D	L	N	D	O	B	G	M
T	N	N	E	K	A	O	Y	A	M	T
A	Y	W	M	B	M	M	V	M	K	P

WOODEN
OAK
SPRUCE
BIRCH

JUNGLE
ACACIA
DARK OAK
NETHER BRICK

ANIMAL PEN
GATE

NOTE BLOCKS

S	S	A	B	D	M	Q	M	D	Z	M	O
O	G	Y	M	M	L	Z	D	P	T	O	J
N	D	E	V	U	B	E	P	T	D	T	M
G	Y	R	N	H	S	Y	R	I	N	T	N
W	D	J	A	O	R	I	R	A	B	R	C
R	V	R	R	D	H	E	C	N	N	O	N
B	P	N	Y	N	G	P	R	D	W	S	Y
T	A	M	Z	D	K	J	O	B	I	L	N
R	Q	N	I	T	Y	T	E	L	Z	S	B
N	B	D	J	Y	Y	L	R	P	Y	M	C
M	Z	Z	B	O	L	R	M	X	J	X	N

HARP
XYLOPHONE
COW BELL
BASS
DIDGERIDOO
MUSIC DISC
SNARE
BANJO
SONG

SKELETONS

W	I	T	H	E	R	S	K	E	L	E	T	O	N
S	D	L	Y	K	L	T	X	L	N	C	Y	K	D
U	Y	S	W	O	R	R	A	R	H	D	N	L	D
N	L	M	D	N	L	Z	P	A	Q	Y	R	R	B
L	D	B	X	R	N	Y	S	X	B	Y	Z	Q	Y
I	D	G	O	K	O	E	Q	O	L	B	Q	K	P
G	T	Q	L	N	D	W	N	N	S	B	N	T	R
H	L	J	R	R	E	E	S	H	R	N	W	J	D
T	Q	N	W	N	S	M	O	E	N	U	L	M	D
P	W	K	J	B	D	O	E	Y	N	N	B	G	Z
B	T	N	K	D	T	D	B	A	L	O	Z	K	T
P	Y	P	T	J	M	L	K	T	L	X	T	R	B
Y	M	Q	D	D	P	G	W	L	R	T	J	S	N

CHASE
BONES
SUNLIGHT
SHOOT
BONE MEAL
WITHER SKELETON
ARROWS
BURN
STONE SWORD

TRIDENTS

D	E	T	N	A	H	C	N	E	V	V	L
T	Y	X	E	G	Q	L	S	J	J	Y	Y
Q	J	R	P	D	J	N	K	T	T	R	Y
L	W	L	R	M	I	X	J	I	A	T	R
M	E	L	E	E	D	T	M	L	L	B	R
T	D	T	T	W	D	P	P	A	J	D	S
H	D	U	P	B	A	E	Y	I	Z	W	X
R	Y	L	R	L	M	O	N	L	R	G	G
O	K	L	I	A	L	T	Y	W	T	Q	J
W	V	N	M	N	B	V	N	G	O	D	T
K	G	K	N	M	P	L	R	X	M	R	Q
R	Z	D	V	D	L	Z	E	L	D	L	D

MELEE
LOYALTY
DURABLE
DROWNED
RIPTIDE
STABS
ENCHANTED
IMPALING
THROW

ALMOST POINTLESS POSSESSIONS

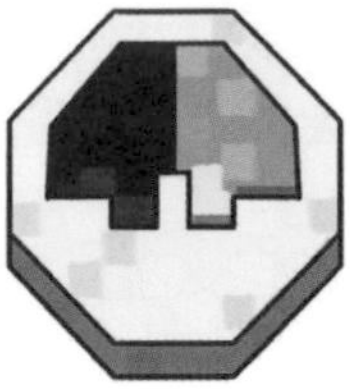

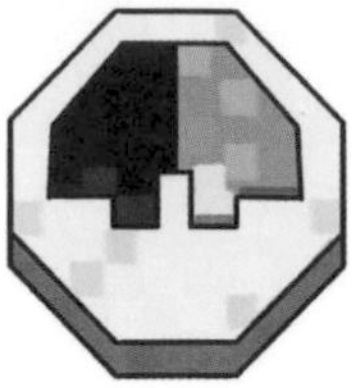

N	D	I	A	M	O	N	D	H	O	E	P	L
D	E	Q	D	X	R	E	O	H	N	O	R	I
N	N	T	X	R	S	A	K	D	I	R	D	J
W	C	X	H	P	A	J	F	S	N	E	J	P
N	R	L	O	E	P	G	O	T	O	Y	B	J
K	B	N	O	D	R	N	O	H	A	Q	X	W
P	G	N	J	C	P	I	N	N	M	B	Z	R
E	T	B	N	O	K	E	T	B	E	V	Y	Q
B	J	B	T	G	D	D	D	E	N	G	R	N
Q	T	A	B	L	P	P	L	B	H	Q	G	V
D	T	V	O	R	Y	W	R	R	M	O	R	J
O	D	G	L	R	M	Q	W	W	K	G	E	Y

GOLDEN HOE
DIAMOND HOE
SPONGE
NETHERITE HOE
CLOCK
DRAGON EGG
IRON HOE
POISON POTATO
BAT FARM

STEVE AND ALEX

E	X	P	E	R	I	E	N	C	E	P	O	I	N	T	S
W	T	N	Y	P	S	W	T	R	G	Q	R	P	M	L	V
R	A	B	Q	N	Y	N	P	A	R	D	Y	Z	J	L	P
B	Q	L	A	Z	D	N	L	F	B	T	Y	R	N	L	L
D	M	M	K	N	M	N	B	T	B	L	Y	J	X	B	N
P	U	G	R	X	H	E	A	L	T	H	B	A	R	J	J
H	L	D	M	R	U	R	R	M	E	K	J	V	L	N	Q
T	K	A	T	N	N	X	B	V	D	E	F	A	U	L	T
B	Q	B	Y	V	G	Z	I	T	Z	J	N	T	N	J	M
Q	U	X	J	E	E	V	Z	X	B	I	N	B	R	X	M
S	G	I	Y	G	R	J	D	N	G	I	J	D	G	G	D
J	K	M	L	U	B	S	R	I	R	M	V	U	J	R	L
N	T	I	S	D	A	M	R	P	Y	X	V	T	M	G	K
T	B	T	N	N	R	O	S	X	N	L	N	Y	T	P	R
X	B	M	M	S	P	Z	G	V	N	G	P	L	G	L	N

DEFAULT	WALK	HEALTH BAR
ORIGINAL	SPRINT	BUILD
SKINS	JUMP	CRAFT
HUMANS	EXPERIENCE POINTS	SURVIVE
PLAYERS	HUNGER BAR	

WOODLAND MANSIONS

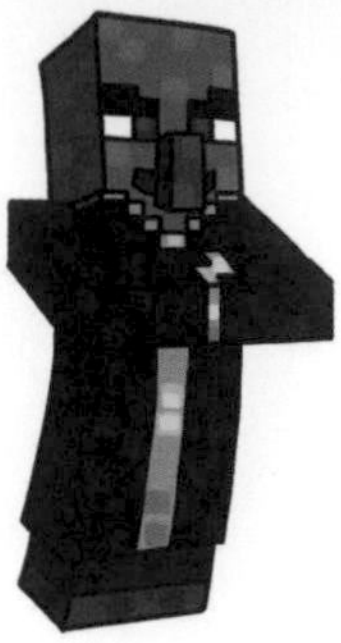

T	O	T	E	M	O	F	U	N	D	Y	I	N	G
D	S	E	C	R	E	T	R	O	O	M	S	B	K
V	A	C	O	B	B	L	E	S	T	O	N	E	P
I	X	R	W	E	J	G	R	T	Y	N	S	Z	B
N	J	X	K	L	X	E	Z	Z	Y	T	Y	K	J
D	T	D	W	F	K	P	Z	R	S	L	Q	W	T
I	X	M	L	O	O	G	L	E	P	K	D	Q	P
C	J	Y	V	R	X	R	H	O	A	B	Y	B	D
A	K	E	M	Z	K	C	E	O	R	Q	Q	Y	Q
T	Y	T	Q	V	T	M	K	S	V	E	D	K	Y
O	T	B	J	O	Z	R	V	Y	T	B	N	R	L
R	P	B	O	Y	A	W	T	B	M	S	T	Q	J
S	T	L	Q	D	Z	W	N	M	B	Z	M	V	B

DARK FORESTS
TOTEM OF UNDYING
DARK OAK
EVOKERS
SECRET ROOMS
COBBLESTONE
VINDICATORS
LOOT CHESTS
EXPLORE

RARE FINDS

J	Z	T	O	T	E	M	O	F	U	N	D	Y	I	N	G
A	N	C	I	E	N	T	D	E	B	R	I	S	V	E	K
E	L	S	H	T	T	B	N	T	Q	V	S	M	L	V	B
P	M	R	L	O	D	Q	L	L	Z	L	L	D	D	L	D
I	N	E	R	I	R	R	M	A	R	R	D	L	B	L	P
N	A	B	R	M	M	S	A	A	Z	A	L	Q	L	R	Y
K	M	X	L	A	N	E	E	G	S	E	P	B	N	D	Q
S	E	D	Q	P	L	P	B	A	O	J	R	D	N	J	Z
H	T	L	N	T	R	D	Q	A	R	N	D	O	D	K	Z
E	A	J	Q	E	T	X	O	D	L	M	E	J	D	X	J
E	G	K	D	K	R	Q	G	R	M	L	O	G	V	Z	Z
P	S	N	K	N	Y	R	X	T	E	G	S	R	G	B	T
L	E	Q	X	K	R	M	R	T	D	R	J	R	Y	Z	V

EMERALD ORE
SADDLE
ENDER PEARLS
TOTEM OF UNDYING
DRAGON EGG
NAME TAGS
PINK SHEEP
BLAZE ROD
SLIME BALLS
HORSE ARMOR
ANCIENT DEBRIS

DIAMONDS

E	L	B	A	T	G	N	I	T	N	A	H	C	N	E
X	L	Z	P	L	N	X	G	L	L	D	J	V	Y	R
R	K	O	L	I	B	T	T	Y	I	J	A	Q	M	Y
A	B	R	O	N	C	Y	K	A	M	L	Y	J	V	X
R	R	T	D	T	L	K	M	Z	U	N	Y	N	Z	D
E	X	P	A	L	C	O	A	A	Y	R	Y	D	B	Q
M	W	O	Y	R	N	H	B	X	J	P	J	B	L	V
D	K	Z	B	D	M	L	E	Y	E	L	M	Y	K	T
N	U	L	O	E	E	O	N	S	R	R	Z	Y	R	Q
Q	M	R	M	N	K	Q	R	D	T	Q	Q	D	K	L
J	E	Q	A	Z	T	U	R	R	Y	X	M	Y	K	Z
V	Q	T	L	B	R	N	J	O	Z	N	D	V	Q	L
Y	P	M	Z	B	L	Q	N	W	R	Q	L	L	K	D
X	L	N	G	L	N	E	Y	S	G	T	Q	V	T	Y

RARE
DIAMOND ORE
LOOT CHEST
SWORD
PICKAXE
ARMOR
ENCHANTING TABLE
JUKEBOX
DURABLE
VALUABLE

IRON GOLEMS

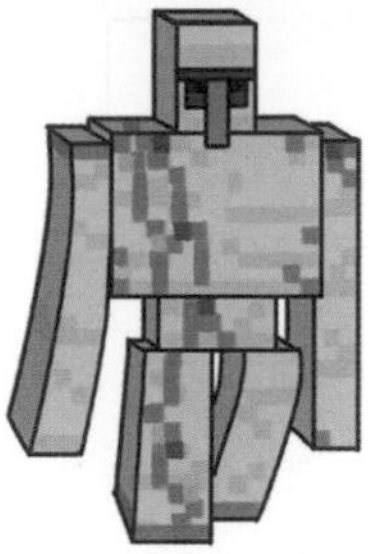

S	W	I	N	G	I	N	G	A	R	M	S
Q	K	M	K	B	B	N	J	T	M	L	Y
S	Y	C	G	N	I	W	O	R	H	T	T
L	E	R	O	K	O	G	B	P	K	N	R
V	M	I	P	L	N	M	R	D	E	N	Q
V	I	M	P	I	B	O	M	U	Q	B	L
G	U	L	N	P	T	N	T	U	J	W	N
P	U	O	L	E	O	R	O	G	S	R	M
K	R	A	C	A	A	P	Y	R	W	R	D
I	K	T	R	L	G	Y	Q	L	I	N	Y
Q	G	L	L	D	Y	E	Y	T	W	D	R

VILLAGE
PROTECT
NEUTRAL
GUARD
SUMMON
IRON BLOCKS
PUMPKIN
POPPIES
IRON INGOT
SWINGING ARMS
THROWING

BABY ANIMALS

B	P	F	B	T	T	R	T	N	H
P	A	T	O	W	M	E	P	A	J
U	N	B	L	A	L	L	T	M	T
P	D	Q	Y	G	L	C	Y	I	R
F	A	K	I	S	H	N	K	Q	C
L	C	P	L	L	Q	X	Q	H	N
O	U	D	I	C	O	U	I	M	R
W	B	N	A	F	J	C	I	M	T
T	G	L	R	W	K	D	R	D	P
Q	F	M	L	B	Y	J	Y	W	Y

CALF
PANDA CUB
PIGLET
CHICK
FOX KIT
BABY SQUID
HATCHLING
WOLF PUP
FOAL

GHASTS

S	O	U	L	S	A	N	D	V	A	L	L	E	Y
P	F	X	G	J	C	S	J	S	Y	B	M	Z	K
O	Z	I	T	U	R	R	E	N	E	T	H	E	R
T	D	J	R	A	N	L	E	E	Y	N	R	L	D
I	W	F	E	E	C	P	L	E	Z	B	X	V	R
O	G	T	L	A	B	I	O	B	C	X	Z	J	Q
N	J	W	T	O	T	A	D	W	Q	H	G	R	X
S	D	N	H	S	A	K	L	Q	D	Q	Q	M	T
R	E	Z	O	I	Y	T	P	L	M	E	K	V	W
T	M	H	M	Y	T	V	I	X	S	L	R	B	Q
Y	J	K	R	M	M	E	T	N	T	Z	K	D	P
G	D	G	D	Y	X	B	V	Y	G	W	P	Y	T

NETHER
WHITE
TENTACLES
FLOATING
FIREBALLS
TEARS
POTIONS
GUNPOWDER
SOUL SAND VALLEY
SCREECH
HOSTILE

ENDERMEN

N	I	K	P	M	U	P	D	E	V	R	A	C
E	L	T	M	T	Y	L	L	M	E	Q	B	J
L	Y	T	R	M	A	P	M	N	Q	B	D	T
E	V	E	K	O	R	L	D	D	L	N	P	B
A	J	G	C	U	P	E	L	O	D	J	J	T
N	X	Y	P	O	R	E	C	N	Z	L	B	P
Y	M	P	R	P	N	K	L	K	C	A	L	B
Y	A	J	E	R	S	T	Q	E	G	V	G	L
X	E	A	D	X	A	L	A	Q	T	R	G	Z
M	R	J	Z	Y	Z	C	P	C	W	L	T	Y
L	C	D	R	X	T	J	G	J	T	P	L	R
D	S	B	M	B	L	R	R	M	L	X	V	X

TALL
LEAN
BLACK
PURPLE

TELEPORT
EYE CONTACT
CARRY
BLOCKS

ENDER PEARL
CARVED PUMPKIN
SCREAM

TAMING ANIMALS

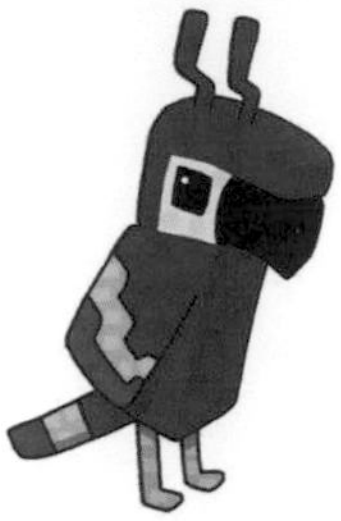

T	A	M	A	L	L	L	R	V	K
O	Y	D	S	T	Q	I	R	Y	P
R	H	Y	E	F	D	N	E	R	Z
R	E	P	E	E	O	S	Q	L	N
A	A	F	D	K	R	O	M	Y	X
P	R	L	S	O	N	U	D	L	D
R	T	O	H	W	L	O	C	A	T
B	S	W	B	E	W	X	D	B	Q

FOOD
PET
HEARTS
CAT

WOLF
SEEDS
PARROT
RIDE

HORSE
DONKEY
MULE
LLAMA

ANSWER KEY

RESOURCES GALORE
page 3

D	L	V	B	P	J	B	L	Y	Y	E	R
I	G	T	D	S	L	D	T	Y	N	P	R
A	N	L	L	A	T	T	L	O	R	D	X
M	D	Q	O	B	M	O	T	Z	X	L	E
O	J	C	M	R	W	S	N	K	M	N	N
N	Y	P	Q	X	E	P	Q	E	O	R	D
D	Y	Q	W	L	M	D	G	T	B	D	K
S	P	J	B	O	L	L	S	J	W	Y	Y
K	R	B	B	O	O	D	I	R	O	N	Q
R	O	M	G	W	E	D	D	L	K	K	L
C	M	M	D	R	T	Y	G	Y	N	V	G

ARMOR ENCHANTMENTS
page 5

B	L	A	S	T	P	R	O	T	E	C	T	I	O	N
Z	J	Q	R	E	K	L	A	W	T	S	O	R	F	G
S	L	U	Z	N	R	G	L	Y	K	W	S	X	N	L
N	B	A	D	Z	O	B	L	P	L	O	R	I	W	B
R	D	A	M	E	Q	I	L	J	U	Q	L	X	P	Y
O	X	F	G	D	P	X	T	L	X	L	L	R	K	P
H	V	F	J	R	B	T	S	A	A	L	O	Q	D	P
T	P	I	J	L	T	P	H	F	R	T	B	B	J	Z
M	M	N	N	M	E	Y	R	S	E	I	D	M	T	G
J	X	I	Y	E	V	E	P	C	T	P	P	L	D	T
R	W	T	D	Y	H	J	T	L	J	R	P	S	N	L
M	Q	Y	M	T	M	I	K	Q	L	Z	I	K	E	J
L	R	W	A	K	O	N	T	Z	Z	T	D	D	Y	R
T	B	E	Y	N	Q	B	M	B	R	R	R	K	E	N
L	F	B	P	D	N	W	Y	T	M	R	L	W	J	R

SWORD ENCHANTMENTS
page 4

B	J	P	S	L	N	B	T	Y	M	T	M	Z	D	N	D	K
D	A	V	W	B	R	L	C	S	M	I	T	E	G	B	T	D
M	T	N	E	X	D	Z	E	B	J	N	Q	N	W	T	M	R
D	W	K	E	G	B	Z	P	K	N	N	I	D	N	Q	N	Z
B	P	V	P	O	X	W	S	R	C	K	X	T	Z	Y	V	N
J	N	G	I	Q	F	W	A	J	A	A	G	P	J	B	L	K
N	T	L	N	R	P	A	E	E	J	L	B	L	T	K	G	Z
J	B	J	G	M	R	P	R	W	T	S	N	K	D	G	M	M
Q	B	N	E	P	N	B	I	T	H	T	P	W	C	R	G	D
B	D	M	D	X	N	Z	F	A	H	L	B	Y	R	O	M	K
P	M	X	G	U	M	B	R	T	R	R	O	R	V	M	N	G
K	X	G	E	B	T	P	W	J	Y	T	O	O	D	N	T	K
M	M	D	D	L	N	X	P	T	R	R	Q	P	T	M	N	G
L	D	T	T	E	Q	Q	Z	T	J	Y	B	J	O	I	B	M
L	D	Z	S	Y	G	G	L	D	X	Z	V	L	P	D	N	P
T	W	S	D	Z	R	W	R	J	K	Y	W	N	Z	M	S	G

CROSSBOW AND BOW ENCHANTMENTS
page 6

U	B	P	V	L	Y	V	D	Y	T
N	N	L	O	D	Z	G	D	O	Q
I	K	B	T	W	Y	V	H	N	G
N	Q	Y	R	D	E	S	X	N	N
F	J	R	M	E	I	R	I	G	L
I	P	T	M	T	A	C	M	H	M
N	Y	A	L	K	R	K	C	V	D
I	L	U	P	E	Q	N	I	X	N
T	M	Q	I	D	U	M	Q	N	D
Y	P	P	D	P	T	Q	J	T	G

TOOLS FOR MINECRAFTERS

page 7

F	I	S	H	I	N	G	R	O	D	M	W
X	N	T	B	P	S	B	K	Q	Z	J	Z
K	Q	B	R	I	Y	H	D	R	R	S	G
G	V	M	L	C	R	G	E	G	S	Q	M
K	B	Z	T	K	L	N	V	A	B	D	L
R	C	K	D	A	E	L	P	U	R	E	M
Q	M	O	H	X	L	M	C	T	V	S	N
D	Y	O	L	E	O	K	B	O	R	D	N
N	E	T	M	C	E	L	H	Z	V	X	V
X	M	D	V	T	Z	S	D	D	V	W	P

BIOMES TO EXPLORE

page 9

L	W	R	B	M	T	W	M	T	M	L	T	Y
T	L	Y	I	V	O	L	G	B	N	S	Z	K
P	T	R	N	V	R	U	E	J	E	Y	J	D
Y	T	P	P	B	E	L	N	R	T	N	Z	G
L	R	U	T	L	G	R	O	T	Y	Z	Y	L
Q	O	Z	N	N	A	F	N	N	A	M	J	P
D	B	C	U	D	T	I	J	R	Y	I	M	J
B	E	J	E	F	R	D	N	M	B	A	N	L
T	A	I	G	A	I	A	B	S	W	N	Q	S
T	C	J	Z	G	N	E	B	S	L	Y	T	M
J	H	M	B	W	L	K	L	Q	D	T	M	D
Y	R	D	X	T	J	D	Z	D	D	M	Z	M
Q	D	K	Q	P	T	D	L	X	S	Z	N	N

ARMOR 101

page 8

L	M	N	R	Y	J	X	L	Y	M	L	C	T
R	E	H	T	A	E	L	D	Z	Z	H	U	K
L	T	L	W	X	D	M	G	P	E	R	N	I
L	E	G	G	I	N	G	S	S	T	D	R	Z
H	M	G	D	B	L	N	T	L	N	O	S	Q
S	E	X	T	G	Y	P	E	O	N	T	B	W
C	D	L	T	Q	L	S	M	D	O	B	D	M
U	D	D	M	A	H	A	Y	O	L	B	D	L
T	P	J	T	E	I	T	B	D	K	O	N	N
E	R	E	L	D	T	R	R	J	K	R	G	N
P	V	L	G	Y	X	J	T	Z	M	X	L	Y

BREWING

page 10

F	E	R	M	E	N	T	E	D	S	P	I	D	E	R	E	Y	E
T	Y	M	K	M	Q	R	J	D	Y	N	Z	B	N	N	L	D	L
Y	L	P	L	X	T	R	T	K	N	D	D	M	K	L	G	M	Y
W	N	O	G	N	N	Y	T	X	Y	N	D	N	D	M	V	N	D
N	R	T	J	L	M	C	M	M	A	G	M	A	C	R	E	A	M
Y	R	I	B	Y	A	N	A	T	Y	w	Y	W	R	M	W	Q	T
L	T	O	M	L	Z	S	S	U	M	M	N	M	G	D	J	M	T
X	G	N	P	X	A	G	S	M	L	N	D	R	T	Z	K	M	L
J	K	S	N	N	N	Z	K	B	N	D	W	K	R	W	K	M	Y
Q	Z	Z	L	I	T	B	E	Z	O	R	R	A	T	W	G	Z	J
X	D	T	W	G	N	J	V	P	Z	T	E	O	R	Y	K	P	L
L	N	E	V	G	J	B	Z	L	O	T	T	G	N	B	L	G	Z
N	R	N	J	W	V	N	Z	R	T	W	R	L	M	X	M	L	Q
B	G	X	G	K	L	R	Z	S	X	K	D	L	E	L	Q	R	P
W	N	B	Z	Y	G	J	A	V	Y	L	M	E	K	Z	L	Q	W
R	B	J	M	G	M	H	T	R	L	Q	J	Z	R	L	T	D	M
Z	R	L	W	R	G	X	T	T	W	L	Y	M	X	V	X	G	D

MODES OF PLAY
page 11

H	E	L	O	S	N	O	C	G	N	I	M	A	G
L	A	M	U	L	T	I	P	L	A	Y	E	R	D
A	K	N	R	R	D	L	M	Y	G	Y	K	R	V
P	L	A	D	M	Q	B	A	W	B	V	X	R	L
T	P	L	D	H	W	B	C	V	X	B	R	Q	T
O	T	T	E	V	E	R	Q	N	I	O	Z	R	X
P	P	L	D	R	E	L	J	B	T	V	J	T	J
B	V	J	M	A	O	N	D	A	G	Y	R	Z	L
B	W	N	T	O	D	C	T	D	T	W	Z	U	V
Q	R	I	M	N	R	C	D	U	E	J	J	M	S
Q	V	E	W	V	E	L	W	R	R	V	G	D	T
E	D	P	Z	P	Z	N	Y	G	A	E	I	P	W
R	M	W	S	L	V	T	D	R	B	H	M	C	W
K	B	R	Y	Y	P	T	W	R	T	D	J	L	E

PASSIVE MOBS
page 13

V	I	L	L	A	G	E	R	X	H
X	M	O	C	E	L	O	T	S	G
H	P	O	X	D	P	Z	I	I	N
S	O	Z	O	E	W	F	P	E	G
Q	B	R	E	S	R	D	K	Z	G
U	P	H	S	E	H	C	R	J	T
I	S	K	F	E	I	R	B	A	T
D	J	F	Q	H	J	K	O	X	J
L	U	T	C	Z	Q	K	X	O	P
P	T	W	Y	B	Y	R	J	Z	M

HOSTILE MOBS
page 12

G	S	K	E	L	E	T	O	N
E	U	X	Z	Z	V	B	K	L
V	J	A	A	O	K	Y	D	T
O	W	L	R	S	M	E	L	Y
K	B	I	U	D	N	B	T	R
E	V	H	T	W	I	S	I	N
R	T	Z	O	C	A	A	R	E
V	J	R	L	H	H	Z	N	R
R	D	V	G	R	Q	T	D	X

NEWISH MOBS
page 14

D	L	T	O	L	O	X	A	G	W
Q	I	R	E	G	A	L	L	I	P
D	D	U	P	L	A	N	R	N	M
N	O	M	Q	D	L	E	G	R	V
E	G	L	N	S	G	A	E	V	T
D	L	A	P	A	W	D	M	F	T
R	P	Q	V	H	A	O	O	A	B
A	G	A	Y	R	I	X	L	K	L
W	R	N	T	V	J	N	J	G	Z

CLASSIC MOBS
page 15

E	N	D	E	R	D	R	A	G	O	N	E
I	O	N	J	W	R	L	W	J	N	N	B
R	T	R	M	X	V	T	E	J	D	T	D
O	E	Z	E	B	G	I	T	E	D	G	B
N	L	B	Z	G	B	Z	R	Q	G	R	L
G	E	L	K	M	A	M	K	T	V	T	Y
O	K	Q	O	L	A	L	B	Z	S	L	Z
L	S	Z	D	N	M	R	L	A	N	T	T
E	N	J	M	Q	N	V	H	I	M	D	B
M	N	G	X	Y	J	G	T	N	V	L	L

ANIMALS
page 17

D	H	G	C	A	T	G	T	T	T
O	L	O	J	Q	T	W	W	T	L
N	L	A	R	I	P	E	E	H	S
K	A	T	B	S	A	D	N	A	P
E	M	B	C	G	E	W	O	L	F
Y	A	M	N	O	I	B	Y	D	Y
R	V	M	D	K	W	P	N	M	K

MINECRAFT DUNGEONS
page 16

R	T	L	E	V	E	L	T	E	R	C	E	S
E	Y	S	S	O	Y	M	X	K	X	N	L	J
G	W	T	E	T	R	M	L	Q	C	V	T	W
A	C	G	I	H	C	B	V	H	Q	J	L	D
L	N	R	T	S	C	A	A	L	T	W	Y	K
L	B	K	O	A	O	N	F	W	R	M	V	X
I	D	J	R	S	T	R	E	I	Y	M	J	T
H	Q	M	J	M	S	L	T	D	T	J	X	W
C	O	R	E	T	L	B	D	S	D	R	Q	P
R	T	N	R	O	Q	M	O	Q	N	I	A	K
A	T	Z	P	O	D	V	K	W	B	O	H	Z
S	T	M	Z	L	R	G	Y	L	N	W	M	R

MODS
page 18

C	O	N	T	R	O	L	L	I	N	G	N	Z	W
T	C	T	N	R	V	D	N	L	X	B	Y	J	W
F	A	A	Z	W	K	W	Z	X	U	M	O	O	G
A	N	Z	T	Y	Q	G	Y	I	J	U	B	D	Y
R	D	D	D	E	N	Q	L	L	R	R	L	L	K
C	Y	R	V	D	R	D	W	N	E	O	D	L	V
O	C	Y	M	T	C	P	E	V	T	K	N	V	K
I	R	M	B	R	J	Y	I	S	N	R	Y	Z	Z
L	A	Z	A	N	M	U	O	L	B	Y	J	K	T
B	F	F	J	A	Q	M	R	X	L	P	L	M	N
I	T	R	P	R	O	X	Z	L	J	A	M	T	J
B	D	N	Q	B	J	R	R	R	B	Q	R	Y	Y
Q	D	M	S	X	Y	Y	M	J	N	J	V	Q	L

REDSTONE DEVICES
page 19

B	R	O	T	A	R	A	P	M	O	C	R	P
D	I	S	P	E	N	S	E	R	N	E	I	R
R	O	K	L	L	G	Y	E	O	P	S	A	B
O	W	O	A	N	J	P	T	E	T	I	Y	G
P	L	M	R	R	P	E	A	O	L	Y	Y	D
P	P	P	B	O	B	T	N	S	G	L	R	Q
E	R	D	H	L	E	N	B	Y	T	A	V	Y
R	D	J	O	R	Y	Y	N	D	M	T	T	R
R	G	C	Q	B	W	L	Q	X	R	L	B	E
X	K	M	L	N	X	X	J	M	Z	W	D	X

POTIONS
page 21

I	N	M	Y	L	N	K	J	J	G	R	G	W
N	R	E	G	E	N	E	R	A	T	I	O	N
V	V	C	G	H	G	K	T	B	L	R	S	Y
I	H	N	S	W	T	M	G	E	Y	S	R	W
S	E	A	X	W	Z	G	A	N	E	R	P	J
I	A	T	R	P	I	P	N	N	M	O	Y	B
B	L	S	D	M	I	F	W	E	I	B	N	M
I	I	I	J	N	I	O	T	S	R	L	R	Y
L	N	S	G	M	L	N	O	N	B	T	Y	P
I	G	E	V	S	M	N	G	J	E	Y	S	G
T	P	R	Y	W	N	P	V	V	N	S	D	T
Y	X	X	T	B	D	W	J	Z	N	P	S	Y

GAMING ACRONYMS
page 20

X	W	M	O	G	T	K
A	G	B	F	B	L	D
F	D	L	T	G	G	Z
K	M	L	R	W	G	W
D	Y	J	C	B	M	W
Q	V	B	D	Y	T	D
N	P	C	Y	F	Z	T

FURNITURE
page 22

S	T	A	I	R	S	M	M	E
I	W	F	I	D	B	L	C	E
G	T	A	E	R	N	A	S	R
N	H	D	B	N	L	A	N	B
C	W	E	V	P	C	T	R	T
Y	L	B	E	K	J	E	A	G
J	L	R	O	Y	J	B	B	B
B	I	O	Y	D	L	X	L	J
F	B	X	V	E	T	N	Y	N

WITCHES
page 23

O	V	E	R	W	O	R	L	D	R
S	S	E	N	K	A	E	W	E	N
L	Y	H	Y	O	P	L	G	Z	Y
O	G	M	O	M	S	E	V	P	J
W	G	N	A	S	N	I	O	Z	H
N	M	W	I	E	T	T	O	S	M
E	S	G	R	M	I	I	A	P	S
S	Q	A	M	O	R	L	L	T	Q
S	T	Y	N	Y	P	A	U	E	J
E	J	S	Q	S	X	H	H	N	N

MINING
page 25

S	T	X	Y	K	L	W	Y	R	D	D
T	Y	T	I	L	I	B	A	R	U	D
F	S	L	D	S	L	J	S	O	R	E
A	H	B	A	N	E	P	B	P	L	M
H	O	L	B	Y	E	V	I	X	G	Q
S	V	D	Y	E	E	C	A	R	N	L
E	E	G	D	M	K	R	G	C	D	M
N	L	Q	R	A	R	K	S	D	Y	P
I	K	J	X	Z	R	M	J	R	V	Z
M	M	E	T	D	K	T	Z	L	L	D

VILLAGERS
page 24

C	A	R	T	O	G	R	A	P	H	E	R
S	R	L	C	L	E	R	I	C	V	P	L
D	E	R	I	Z	N	L	K	I	J	F	T
L	H	J	D	B	M	I	S	X	A	Z	R
A	C	K	E	O	R	S	T	R	J	L	R
R	T	Y	B	D	A	A	M	W	G	L	Z
E	U	S	R	P	A	E	R	N	I	Y	D
M	B	K	B	X	R	R	W	I	T	T	T
E	B	B	G	K	D	L	T	O	A	J	D
T	R	J	Z	D	K	G	M	R	R	N	D
B	D	J	J	R	Q	T	N	Z	T	K	Q

GAME OVER
page 26

P	L	I	G	H	T	N	I	N	G	D	E	M	L
K	O	E	V	R	A	T	S	N	N	T	X	D	M
C	F	T	B	N	T	Z	W	R	A	Y	B	T	L
A	A	G	I	N	W	O	W	C	L	O	D	B	B
T	L	N	T	O	R	Q	O	V	M	F	I	R	E
T	L	I	M	D	N	F	D	E	N	D	J	D	P
A	D	T	G	L	F	E	L	M	R	N	X	Z	X
F	A	S	M	U	G	I	F	A	J	V	T	J	L
L	M	E	S	N	T	L	G	F	Y	J	J	J	R
O	A	E	L	S	K	O	J	Z	E	W	Y	Y	L
W	G	B	O	T	N	D	Z	Q	B	C	N	X	G
X	E	H	M	Q	N	P	V	G	B	D	T	Y	M

MINECRAFT AQUATIC
page 27

N	A	U	T	I	L	U	S	S	H	E	L	L	S
H	E	A	R	T	O	F	T	H	E	S	E	A	D
S	T	S	E	L	K	C	I	P	A	E	S	X	W
H	S	U	P	C	Q	L	D	K	S	V	D	G	P
I	S	R	R	Z	O	D	A	T	Y	R	Y	Z	J
P	A	N	V	T	Y	N	N	R	O	R	J	Y	L
W	R	K	I	Z	L	E	D	W	O	B	Q	R	D
R	G	S	Y	H	D	E	N	U	W	C	T	R	R
E	A	L	N	I	P	E	E	Z	I	R	R	M	X
C	E	D	R	I	D	L	N	G	Y	T	K	Z	L
K	S	T	R	S	U	R	O	D	G	D	S	Z	B
S	K	D	P	T	W	R	M	D	M	S	V	M	J

THE END
page 29

C	M	X	R	O	R	D	Y	V	Y	T	P	Y
E	E	P	E	Y	B	N	R	K	Q	T	G	S
N	N	N	M	N	D	S	R	A	G	K	D	M
D	D	Y	T	B	D	Y	I	D	G	N	J	R
C	S	A	V	R	D	E	L	D	A	O	E	X
R	T	Y	I	Y	A	A	R	L	I	D	N	N
Y	O	E	Y	R	T	L	S	M	N	A	T	L
S	N	M	N	R	B	I	I	E	E	N	N	G
T	E	D	O	D	R	L	F	S	G	N	T	P
A	J	P	D	E	P	O	O	N	L	R	P	N
L	J	Y	T	X	E	O	V	C	Q	A	T	T
V	L	U	Q	Y	B	L	E	T	K	X	N	D
M	O	N	E	R	B	M	L	M	K	S	J	D

YOUTUBERS
page 28

T	H	E	S	Y	N	D	I	C	A	T	E	P	R	O	J	E	C	T
D	S	D	A	N	T	D	M	V	N	S	P	R	M	Z	R	Y	P	D
R	B	K	L	M	B	Q	P	Y	O	J	J	M	E	W	T	B	T	D
E	D	D	Y	W	N	G	T	M	S	T	V	L	L	M	N	D	L	M
A	G	R	G	D	N	Q	M	Z	T	S	K	Q	N	J	D	L	G	L
M	P	G	X	Y	O	R	N	B	T	R	U	N	J	A	B	M	W	T
Z	K	P	J	Y	A	E	Y	M	A	X	Y	N	E	K	J	V	R	G
M	W	D	L	L	J	N	S	P	M	K	Q	H	D	L	M	W	Y	L
R	T	X	U	J	T	D	S	E	Z	M	G	L	T	E	D	L	X	B
D	A	P	P	P	V	N	K	V	V	N	D	Y	Q	R	E	L	W	D
J	O	L	Y	R	I	B	W	R	O	E	K	G	Y	R	Z	V	B	T
P	G	Y	I	A	E	Y	N	L	D	N	R	D	P	K	K	N	T	D
T	W	L	T	A	B	S	Y	D	D	P	X	Y	P	V	R	G	D	D
B	G	P	B	K	G	P	T	Z	Y	L	R	X	T	T	Y	N	N	Z
N	A	D	X	Y	M	N	Q	O	L	N	N	D	D	H	D	M	L	K
C	Z	N	Q	A	T	X	W	Z	N	R	Z	R	K	R	I	W	M	P
M	Y	R	T	K	N	D	Q	V	P	T	T	M	P	M	Z	N	Z	X
P	Y	S	W	R	P	D	G	D	N	W	L	K	N	Q	N	B	G	Q

THE NETHER
page 30

N	N	N	D	J	T	J	P	Z	M	Z	W	M	T	D	T
E	G	I	Q	Z	J	R	N	Q	D	Q	N	L	N	Z	W
T	L	E	L	X	S	M	W	D	Z	M	T	C	R	I	B
H	O	B	N	G	L	T	B	D	D	D	R	K	T	B	V
E	W	U	L	K	I	M	R	M	T	I	T	H	M	L	X
R	S	C	M	M	X	P	Q	I	M	J	E	T	N	Z	R
F	T	A	M	B	Q	D	D	S	D	R	L	E	B	N	Z
O	O	M	L	A	V	A	O	E	S	E	T	J	I	K	L
R	N	G	K	G	Q	N	M	K	I	H	R	L	Y	M	W
T	E	A	M	Y	F	J	E	L	E	F	G	M	W	N	K
R	J	M	L	O	V	L	X	R	N	O	I	E	T	P	R
E	R	R	R	Y	E	N	W	T	H	K	Z	B	P	M	Q
S	Z	E	L	T	T	A	L	Z	T	A	Q	K	M	N	M
S	S	V	O	Z	R	T	D	K	L	Q	L	Y	T	O	M
T	R	N	J	T	P	P	N	B	B	L	Z	Y	L	Z	Z

CREATIVE BUILDS
page 31

N	X	R	D	W	Z	D	Z	R	L	W
I	L	I	B	R	A	R	Y	I	T	L
A	B	L	N	J	K	L	G	L	L	N
T	M	E	S	U	O	H	E	E	R	T
N	D	U	P	S	T	L	G	R	A	Z
U	O	G	E	H	T	D	D	R	R	M
O	C	K	O	S	I	A	C	Y	Z	J
F	K	U	A	R	U	H	T	G	L	D
P	S	C	B	Y	M	M	R	U	K	K
E	J	R	L	M	D	X	J	N	E	L

EPIC BUILDS
page 32

R	O	L	L	E	R	C	O	A	S	T	E	R
E	E	L	C	I	N	A	T	I	T	L	P	M
D	P	T	A	Q	Z	D	L	L	Y	Y	B	Y
I	A	E	Q	R	T	L	B	D	R	B	N	N
L	C	M	M	R	D	X	L	A	M	R	N	P
S	S	P	J	Y	J	E	M	J	R	Y	D	B
R	Y	L	Y	G	M	I	H	E	D	Z	N	X
E	T	E	P	G	D	L	W	T	Q	N	J	Y
T	I	Q	V	P	E	O	G	P	A	L	X	Y
A	C	X	D	N	T	Z	G	Z	R	C	Z	X
W	T	Z	Y	N	W	N	A	R	B	G	K	L
L	R	D	B	N	T	K	M	M	R	Z	D	P

TRANSPORTATION
page 33

E	M	I	N	E	C	A	R	T	S	M	Y
M	N	Y	E	K	N	O	D	H	E	R	Q
H	X	D	T	Q	E	T	U	L	L	N	M
O	Y	R	E	L	X	L	U	K	Y	V	D
R	T	L	Y	R	K	M	M	R	D	V	L
S	E	T	R	E	C	H	A	N	N	E	L
E	R	P	R	Q	T	H	A	M	A	L	L
A	G	B	P	A	P	T	E	Y	J	N	Y
D	O	B	O	O	Q	Y	R	S	Y	M	N
X	N	B	J	Z	H	L	L	L	T	G	R

THE HISTORY OF MINECRAFT
page 34

N	C	A	V	A	J	G	G	M
O	G	A	W	G	N	L	I	Z
S	X	R	V	A	K	C	X	M
R	T	O	J	E	R	P	A	G
R	L	O	B	O	G	R	P	H
E	M	M	S	D	K	A	C	P
P	G	O	T	U	N	T	M	J
N	F	G	S	Z	O	A	V	E
T	N	J	Y	N	N	R	S	P

FISHING
page 35

H	M	G	J	M	L	L	E	R	G
Z	S	B	D	V	R	R	T	N	J
R	K	I	L	I	U	L	I	M	M
Y	Q	U	F	S	U	L	D	Q	D
N	R	J	A	R	E	Q	B	O	Q
E	O	E	N	E	E	O	S	M	R
K	R	M	R	T	B	F	D	G	B
T	N	L	L	B	Y	D	F	V	Y
L	R	U	E	A	Z	O	M	U	J
R	N	R	J	T	S	C	T	D	P

WHY KIDS LOVE MINECRAFT
page 37

C	O	M	P	E	T	I	N	G	D	D	Y	X	M	Y	E
N	P	Z	P	X	G	T	N	Z	A	L	D	W	T	D	T
K	D	W	Q	X	R	T	L	B	N	R	M	L	O	N	J
Y	B	J	N	G	N	L	M	J	G	Y	Z	M	D	Y	M
Y	B	Q	M	D	S	N	K	Y	E	T	R	L	P	M	R
X	X	J	T	D	C	Y	Y	D	R	E	B	Z	N	R	T
X	R	M	L	L	N	H	R	P	Y	W	Q	L	Y	V	T
L	M	I	W	P	J	K	A	A	L	B	N	G	N	N	N
T	U	G	M	M	D	L	L	L	A	A	Z	T	G	Y	N
B	T	D	N	X	R	P	B	T	L	N	Y	M	M	L	P
Y	D	L	Q	I	I	R	T	Y	Y	E	W	I	G	Y	J
L	T	R	P	T	N	L	M	J	T	R	N	X	N	Y	R
N	B	L	L	J	E	N	V	P	T	W	W	G	R	G	R
K	M	U	M	S	N	M	I	G	P	Q	K	Q	E	B	D
T	M	Y	T	R	X	T	N	W	M	B	M	X	Z	S	D

WHY PARENTS LOVE MINECRAFT
page 36

G	N	I	V	L	O	S	M	E	L	B	O	R	P
E	S	Y	T	I	V	I	T	A	E	R	C	A	L
C	E	O	N	L	T	E	A	M	W	O	R	K	L
N	G	N	C	N	E	W	D	Z	J	C	T	D	N
E	V	N	G	I	B	A	V	E	H	W	Q	P	L
D	Z	N	I	I	A	Q	R	I	S	T	Z	X	J
N	Y	J	W	D	N	L	T	N	X	I	N	L	T
E	W	Q	D	Z	O	E	S	X	I	Y	G	M	Z
P	D	R	X	V	C	C	E	K	G	N	J	N	D
E	T	R	V	T	V	Q	M	R	I	D	G	X	R
D	M	Z	U	M	J	P	X	D	I	L	L	N	K
N	M	R	K	L	J	L	M	T	J	N	L	J	Y
I	E	M	J	L	J	D	D	L	K	B	G	S	W

CONTAINERS
page 38

L	M	Y	R	G	B	J	W	T	N	X	B	L
D	R	E	T	E	N	D	L	D	O	N	L	V
Q	N	X	N	Y	S	T	R	B	Z	Z	R	G
B	Y	A	N	D	N	N	R	O	E	L	T	P
N	Q	K	T	R	E	E	E	C	P	P	R	J
Z	Y	P	M	S	K	R	A	P	Y	P	C	M
Q	T	K	L	L	G	N	C	V	S	H	E	H
J	K	J	U	Q	R	N	L	H	E	I	O	R
B	T	H	P	U	T	Q	I	S	E	P	D	Z
B	S	L	F	V	T	Q	T	W	P	S	D	B
W	M	P	M	G	G	P	Q	E	E	R	T	K
B	T	M	R	X	Z	R	R	R	Z	R	G	N
D	M	Z	T	D	D	Q	D	T	G	M	B	W

PLANTS
page 39

S	E	A	G	R	A	S	S	K
T	O	O	R	T	E	E	B	S
L	X	C	S	M	G	D	G	N
B	I	S	A	R	D	N	J	A
A	O	L	A	C	I	J	Z	X
M	R	S	Y	L	T	A	V	F
B	S	T	P	P	L	U	E	M
O	G	A	K	E	A	R	S	X
O	S	Z	A	G	N	D	J	D

FLOWERS
page 41

R	E	W	O	L	F	N	U	S	G	E	X	M
Q	P	J	D	L	R	J	G	L	S	B	V	T
G	V	N	Z	N	J	B	G	O	Q	M	M	M
Q	D	R	L	C	D	T	R	B	Q	B	U	D
Y	D	M	E	L	A	R	Q	D	R	I	P	N
P	R	W	K	W	E	L	A	J	L	V	W	R
P	X	Y	X	H	O	N	I	L	B	R	R	Q
O	M	P	T	T	D	L	A	L	V	Q	T	B
P	N	I	E	E	T	N	F	Y	D	U	W	L
W	W	L	L	O	Y	Q	J	N	L	L	X	P
G	T	I	N	D	N	N	D	I	R	Z	Y	Y
D	O	V	Y	T	L	Y	P	B	N	O	L	L
N	N	L	J	K	V	T	T	L	L	Z	C	V

WEAPONS
page 40

F	G	D	R	O	W	S	R
I	N	T	J	M	A	T	T
R	I	R	R	X	W	R	P
E	M	A	E	L	I	O	A
B	R	P	T	D	I	R	B
A	A	S	E	S	R	T	Z
L	H	N	O	O	N	T	P
L	T	N	W	T	M	X	X

POCKET EDITION
page 42

P	H	O	N	E	B	T	V	X	Q	T	B	X	S
S	E	S	A	H	C	R	U	P	P	P	A	N	I
Y	P	D	D	L	Y	Y	M	P	S	T	I	N	X
X	L	P	D	T	Y	Y	T	C	M	K	B	K	T
D	T	D	T	T	Q	L	I	D	S	T	S	L	M
W	Q	Y	N	P	N	H	M	L	K	E	L	D	J
D	N	Z	D	E	P	B	L	R	C	D	M	J	R
A	Z	M	T	A	I	Y	Z	R	R	P	P	R	G
O	Z	L	R	M	J	R	U	P	Q	Q	L	Y	T
L	T	G	B	L	M	O	F	N	T	Y	W	A	T
N	T	K	B	L	S	M	J	D	L	Y	B	K	R
W	T	V	L	E	J	L	W	Q	I	L	W	L	T
O	T	N	R	P	K	B	Z	L	E	K	B	G	J
D	Y	Q	M	R	T	D	J	T	T	N	B	L	G

CAVES
page 43

L	J	U	N	D	E	R	G	R	O	U	N	D	R
K	Y	P	J	G	Q	M	T	M	O	S	T	E	M
Y	N	O	I	S	E	C	A	V	E	S	D	M	V
R	W	B	L	J	X	W	E	C	Y	I	R	B	M
N	W	Q	Y	O	Q	R	R	K	P	B	R	P	C
E	R	O	X	K	W	U	B	S	Q	W	W	A	B
T	Q	Z	N	O	O	L	E	P	D	D	R	Y	B
H	Y	T	R	S	S	V	I	D	L	V	Y	V	B
E	X	L	E	M	A	T	Z	G	E	N	D	Q	K
R	D	R	P	C	Y	B	A	R	H	L	Q	D	J
J	Z	Y	M	B	P	G	S	B	Q	T	K	M	W

CRYSTALS AND GEMS
page 45

E	S	I	P	A	L	Z	X	R	X	T	L
E	N	D	C	R	Y	S	T	A	L	Q	Y
D	D	I	G	R	P	P	Q	R	T	W	T
I	L	P	R	D	E	N	Q	T	A	S	Y
A	A	R	P	A	Q	Z	L	L	Y	U	Z
M	R	M	R	B	M	B	T	H	R	J	Q
O	E	L	V	T	L	S	T	R	R	P	L
N	M	L	N	T	Y	E	I	B	R	B	J
D	E	T	T	K	M	X	G	R	J	K	K
J	M	Z	M	A	R	M	W	L	P	N	R

FLYING
page 44

P	T	B	N	M	W	D	N	Y	L	W
H	A	M	P	I	R	E	Z	A	L	B
A	B	N	N	A	K	M	A	D	B	Z
N	T	G	G	C	R	R	B	W	J	M
T	S	O	I	H	T	R	I	T	P	T
O	N	H	E	Y	A	T	O	X	B	G
M	C	T	L	E	H	S	E	T	T	D
J	V	E	G	E	B	V	T	L	Y	T
R	R	X	R	N	D	J	L	K	M	K

GREEN SCENE
page 46

E	X	P	E	R	I	E	N	C	E	O	R	B
M	L	R	R	X	N	O	T	U	R	T	L	E
E	W	M	R	O	I	S	N	K	B	P	D	L
R	K	D	L	T	U	R	Q	J	X	G	M	G
A	N	E	O	T	V	L	N	G	T	Y	D	N
L	M	P	C	J	G	M	K	D	G	T	T	T
D	B	A	W	P	X	R	S	L	I	M	E	L
N	C	Z	Z	R	Y	D	A	N	J	K	N	Y
Q	N	T	T	T	Q	M	J	S	Y	P	B	T
P	N	K	M	T	Y	N	Y	L	S	R	Y	Y

CLIMBING
page 47

S	C	A	F	F	O	L	D	I	N	G
M	N	S	W	L	X	Q	R	Q	T	R
O	S	N	T	Z	V	E	N	P	N	Z
U	M	P	R	A	D	I	R	G	J	N
N	W	J	I	D	I	E	N	N	R	L
T	B	A	A	D	W	R	Q	E	K	M
A	N	L	L	O	E	Q	S	J	S	B
I	X	D	T	L	Q	R	Y	L	D	D
N	T	M	R	G	P	D	S	M	Y	N

GLOW ON
page 49

G	L	O	W	S	T	O	N	E	T	Q	P	A
X	T	P	P	G	T	X	W	T	D	M	M	N
G	P	H	G	D	L	R	N	K	A	G	R	Q
V	J	T	G	X	Q	D	T	L	A	E	R	E
L	N	N	M	I	G	M	E	M	T	B	R	V
H	C	R	O	T	L	N	B	N	Y	I	B	Q
Q	W	T	K	B	O	M	A	E	F	Y	P	R
P	L	Q	K	T	T	L	O	W	A	D	Z	T
W	V	Z	S	K	A	X	W	O	D	C	B	Q
V	D	D	M	E	Y	T	L	M	R	G	O	D
L	E	Z	S	M	W	B	G	X	L	H	R	N
R	L	Y	J	Q	G	M	N	L	R	Q	S	W

WEATHER
page 48

G	N	I	N	T	H	G	I	L
E	S	I	R	N	U	S	T	Y
T	C	I	C	E	I	H	Q	J
E	W	L	N	Z	U	A	T	N
S	O	L	O	N	N	B	R	M
N	N	X	D	U	N	W	L	X
U	S	E	N	R	D	J	R	Z
S	R	K	R	N	Y	S	W	T

EVERYTHING RED
page 50

N	E	N	O	T	S	D	E	R	L
H	E	P	O	T	I	O	N	M	P
E	R	T	Z	J	N	J	O	Z	N
A	E	N	H	D	Z	O	P	A	B
L	T	M	R	E	R	R	P	L	T
T	E	P	M	H	R	P	R	N	Q
H	M	J	S	B	L	W	T	G	B
R	R	O	Z	E	L	Q	A	R	Q
W	O	J	D	R	B	G	R	R	V
M	W	D	N	L	M	Z	D	D	T

HELLO, YELLOW
page 51

T	A	E	H	W	T	Q	B	K	K	M	P
P	J	B	R	Z	Y	B	R	L	D	U	X
D	A	N	D	E	L	I	O	N	F	L	D
T	L	V	E	A	W	X	R	F	T	E	J
O	D	I	Z	G	W	O	E	B	S	N	J
R	H	E	G	T	N	R	L	E	G	D	Y
C	N	A	J	H	F	O	E	F	P	B	G
H	U	K	Y	I	T	H	P	Z	N	N	L
T	S	W	S	B	C	N	Z	S	D	U	W
K	B	H	K	T	A	Z	I	N	Q	Y	S
M	M	E	B	N	Y	L	B	N	D	M	Z
M	Z	W	E	B	L	Y	E	J	G	W	Y

UPDATES
page 53

S	F	F	I	L	C	D	N	A	S	E	V	A	C
E	T	V	T	B	W	Y	E	B	Y	R	E	Z	V
G	L	L	T	O	M	G	V	Z	X	X	W	B	V
A	Q	N	R	G	A	D	R	G	P	R	L	L	J
L	L	L	R	L	J	A	L	L	Y	T	N	J	R
L	D	B	L	U	Q	J	O	R	A	N	W	J	M
I	M	I	N	U	B	R	R	B	Q	C	M	M	M
P	V	X	A	V	E	T	M	Y	O	L	B	M	R
D	V	T	Y	R	L	O	S	L	G	L	K	M	N
D	I	X	W	R	C	D	O	O	V	B	B	J	V
C	D	V	K	Z	V	R	D	Z	R	N	G	N	T
N	N	Y	Y	P	Y	K	L	M	N	F	N	K	D

EXPERIENCE
page 52

F	U	R	N	A	C	E	M	W	K	P	A
T	G	X	D	R	Q	T	P	K	L	D	T
A	K	R	B	Q	Y	S	X	L	V	J	R
E	E	T	I	R	W	Z	B	A	R	D	D
F	T	D	T	N	B	G	N	R	E	Y	T
E	L	G	A	D	D	C	D	E	O	G	M
D	M	R	R	R	E	S	R	H	S	I	F
M	I	L	V	M	T	B	T	Y	Y	N	V
M	N	M	E	Q	T	Q	L	O	Y	P	Y
D	E	N	K	V	G	Q	N	J	N	B	V
R	T	J	L	N	T	X	D	G	Y	E	D

BLUE THROUGH AND THROUGH
page 54

I	B	L	U	E	O	R	C	H	I	D	E
Q	L	M	B	R	P	P	K	M	L	C	K
S	X	U	B	E	T	O	Y	T	I	R	Y
O	T	B	Z	W	A	P	T	E	M	R	W
U	Y	R	B	A	J	C	U	I	J	L	N
L	L	M	D	X	L	L	O	G	O	R	K
F	A	R	R	P	B	S	G	N	R	N	D
I	R	E	T	A	W	J	I	K	Z	Y	V
R	O	M	W	R	D	Y	K	P	E	B	B
E	C	D	W	K	N	Z	J	Y	A	N	L
D	G	V	M	N	R	D	N	Z	D	L	K

STATUS EFFECTS
page 55

R	L	S	H	U	N	G	E	R	B
H	E	M	S	V	L	D	R	L	M
T	S	S	K	E	E	U	I	Y	G
G	L	W	I	E	N	N	C	N	P
N	O	A	P	S	D	K	I	K	N
E	W	S	E	N	T	W	A	L	T
R	N	D	E	S	O	A	P	E	T
T	E	S	Y	L	U	D	N	V	W
S	S	T	G	N	Z	A	Y	C	K
T	S	R	T	L	N	T	N	R	E

HEALTH
page 57

N	O	I	T	A	R	E	N	E	G	E	R
R	O	D	Q	L	V	W	K	S	M	M	Y
E	G	I	J	N	M	R	T	E	B	Z	R
G	O	H	T	T	D	N	T	A	R	Z	Y
N	L	E	R	P	I	E	B	P	L	Z	T
U	D	A	K	O	R	Z	O	P	D	R	P
H	E	R	P	Q	M	O	O	L	N	D	N
G	N	T	K	Q	V	Y	S	E	G	X	L
N	G	B	R	M	Q	P	T	B	L	J	W
L	N	Y	X	M	L	Q	L	M	A	Q	X

ANIMATED BLOCKS
page 56

E	N	I	R	A	M	S	I	R	P
S	E	A	G	R	A	S	S	L	Y
R	T	P	M	V	A	K	A	F	Y
A	E	N	Z	V	N	N	I	K	N
M	N	T	A	P	T	R	P	R	M
G	P	L	A	E	E	R	Y	T	D
A	P	L	R	W	X	Y	N	N	D
M	Z	N	E	K	L	Q	M	M	L
J	W	W	Z	K	G	R	M	W	J

DAMAGE
page 58

K	G	N	I	N	T	H	G	I	L	L
C	N	M	D	H	Q	Y	Z	Y	R	N
R	B	O	I	M	T	R	T	V	M	R
I	K	T	C	L	P	I	N	M	J	N
T	S	C	I	K	N	D	O	N	Q	N
I	P	V	A	U	B	B	Q	L	L	T
C	N	N	M	T	S	A	L	A	V	A
A	Z	M	J	K	T	A	C	N	D	P
L	I	D	X	R	F	A	M	K	G	Y

NEED FOR SPEED
page 59

R	Y	T	M	D	K	K	R	Q	W	R	J
S	E	Q	Y	D	O	D	Q	O	L	L	Y
S	W	N	M	Z	R	L	R	N	G	N	Z
P	O	I	D	J	R	R	P	N	J	T	M
O	J	U	F	E	A	B	I	H	P	Y	W
T	G	Q	L	T	R	T	E	N	I	N	Z
I	R	R	Z	S	N	P	T	A	M	N	G
O	J	T	I	I	P	E	E	M	C	D	M
N	M	T	R	D	N	E	S	A	J	O	B
J	Q	P	G	X	I	Z	E	S	R	Z	N
L	S	L	P	M	J	N	Q	D	N	L	D
N	R	Y	J	V	K	L	G	J	G	D	S

MAKE A MOVE
page 61

W	R	R	M	B	K	J	Q	T
N	A	W	I	A	Q	H	M	V
S	Z	L	E	D	C	R	Y	N
J	P	N	K	U	E	Z	J	R
U	S	R	O	C	L	I	M	B
M	F	R	I	S	W	I	M	M
P	C	L	Q	N	G	B	D	L
M	Y	P	Y	N	T	N	R	L

SO SLOW
page 60

S	N	E	A	K	I	N	G	Y
O	L	P	O	T	I	O	N	E
U	B	O	D	H	E	M	L	B
L	M	M	W	M	O	T	V	M
S	L	A	I	N	R	N	K	T
A	Y	L	R	U	E	Q	E	L
N	S	L	T	R	W	S	M	Y
D	J	R	G	G	O	Q	S	R
S	P	M	V	L	J	W	R	D

TRADING
page 62

B	L	A	C	K	S	M	I	T	H	Y	N	W
T	Y	T	N	S	D	W	Y	L	V	X	N	W
Z	Y	V	L	Q	E	Y	K	M	M	R	M	M
E	B	Q	D	F	N	C	M	R	O	Y	E	G
Q	M	G	X	M	A	Q	R	M	E	L	Q	K
G	N	E	J	C	K	R	R	U	O	L	V	G
P	Z	D	R	B	N	A	M	G	O	I	C	T
Q	Y	O	Z	A	G	V	N	E	L	S	M	T
T	P	M	D	P	L	O	B	L	R	J	E	Y
S	L	B	D	M	R	D	A	R	K	D	B	R
T	Y	K	M	I	Z	G	S	M	B	Q	T	N
R	N	L	M	B	E	B	D	M	M	X	T	N

USES FOR LIGHT AND FIRE
page 63

Y	A	P	D	M	L	B	Q	Y	W
T	T	C	T	E	G	R	I	E	F
E	C	M	T	N	S	R	P	L	Z
F	J	O	B	I	E	T	N	T	N
A	M	J	O	R	V	R	R	Q	P
S	W	E	A	K	U	A	K	O	Q
T	Y	C	L	B	D	R	T	P	Y
Q	S	Y	D	T	R	R	D	E	K

NOOB LIFE
page 65

M	L	O	T	A	T	O	P	N	O	S	I	O	P
E	I	E	M	I	N	E	B	E	D	R	O	C	K
S	R	N	V	X	Z	W	W	N	Z	L	R	N	K
U	A	M	E	O	M	V	Y	A	E	D	T	L	Y
O	G	Q	T	D	H	M	N	V	J	T	L	Z	P
H	E	P	L	P	I	S	R	A	R	J	L	Y	N
T	Q	Y	P	Q	D	A	N	L	B	L	Z	J	N
R	U	Z	R	R	T	N	M	E	R	J	M	L	R
I	I	Y	O	S	X	V	D	O	D	M	N	M	D
D	T	W	B	P	P	N	Z	Z	N	O	Q	J	L
W	N	K	M	L	L	K	M	B	G	D	O	J	D
G	K	M	B	X	J	B	R	X	R	B	S	W	T

RAW MEAT
page 64

Q	J	M	J	M	W	Y	Y	Q	M	H	R
P	O	R	K	C	H	O	P	D	S	T	M
C	T	L	Z	B	T	T	L	E	I	R	F
H	L	M	N	P	M	V	L	B	T	E	L
I	M	N	M	Z	S	F	B	Y	E	D	Y
C	X	U	W	Q	N	A	R	B	O	L	D
K	V	X	T	E	R	T	L	C	N	G	N
E	L	N	T	T	R	L	R	M	J	R	W
N	Q	T	K	R	O	Q	X	G	O	B	L
B	O	V	D	T	L	N	R	T	Z	N	T
R	P	V	Q	B	L	P	Q	Q	Q	J	G

SPAWN MONSTERS
page 66

V	T	W	H	Y	D	N	M	Q	R	V	J	Y
C	A	V	E	S	P	I	D	E	R	N	E	N
G	M	L	Q	T	I	T	R	Q	N	K	Y	D
S	G	A	M	P	X	F	B	X	C	Z	Z	J
T	K	Y	G	R	N	M	R	O	J	O	Z	K
Y	W	E	Y	M	D	L	J	E	M	G	W	Z
P	G	M	L	R	A	R	B	B	V	P	M	V
I	X	T	K	E	E	C	I	L	V	L	B	Y
G	B	R	M	D	T	E	U	J	A	N	I	Q
Y	Y	N	I	M	N	O	N	B	T	Z	V	S
L	B	P	B	X	Y	Y	N	L	E	N	E	Q
L	S	Y	N	R	B	Y	Q	V	R	X	M	W

CROP FARMING
page 67

B	T	L	Y	L	W	H	E	A	T
S	Y	O	P	L	A	N	T	R	W
W	T	B	O	R	J	B	V	L	D
O	B	O	V	R	E	S	A	J	N
R	T	E	R	E	T	E	E	T	J
R	S	A	S	R	M	E	H	E	J
T	E	X	T	E	A	G	E	M	D
M	M	T	N	O	I	C	D	B	Q
D	Q	O	A	L	P	T	P	L	V
R	B	Y	W	W	Y	Z	N	W	B

ANIMAL FARMING
page 69

T	A	E	M	D	E	K	O	O	C
J	D	C	D	E	E	R	B	D	V
K	P	N	V	C	S	P	I	G	S
W	E	E	Y	H	G	G	W	D	V
O	E	F	N	I	M	O	G	P	M
O	H	G	M	C	C	M	E	E	Y
L	S	M	D	K	P	N	P	N	D
X	G	W	M	E	L	R	L	J	P
M	T	Z	N	N	T	J	R	M	B

SURVIVAL MODE
page 68

B	A	T	T	L	E	B	B	Y	J	J	X	T	W
N	O	G	A	R	D	R	E	D	N	E	D	T	Q
R	Q	R	X	S	B	O	W	X	R	L	Q	R	P
E	A	X	A	P	P	N	B	A	R	T	Y	N	B
N	Q	B	M	B	J	A	I	S	Q	L	L	R	Z
D	R	B	H	Y	R	D	W	Y	I	E	W	D	N
P	E	R	Z	T	L	E	Q	N	G	D	I	D	B
O	H	G	M	Z	L	V	G	A	P	A	I	J	N
E	T	Q	Z	Y	J	A	M	N	M	O	T	A	P
M	I	M	L	T	Y	A	E	O	U	Z	I	M	N
T	W	T	M	M	D	R	N	H	B	H	N	N	Q
M	D	W	R	E	L	D	Y	P	J	L	X	N	T
G	Y	Y	K	B	S	J	N	Q	R	W	M	J	K
R	T	A	L	D	T	X	K	R	N	W	L	L	D
R	T	N	L	D	R	W	D	Y	D	Y	J	Q	Y

BAKING
page 70

S	N	A	E	B	A	O	C	O	C
H	M	X	K	Q	V	O	R	M	B
U	Z	L	A	R	O	Q	B	M	Z
N	R	M	C	K	W	H	E	A	T
G	N	A	I	D	A	E	R	B	J
E	Y	E	G	L	P	R	P	Y	T
R	S	V	R	U	K	E	G	G	S
D	T	M	R	Y	S	T	N	L	V

KEY CRAFTING RECIPES
page 71

E	L	B	A	T	G	N	I	T	F	A	R	C	J
S	F	Q	G	Q	V	L	Z	N	Q	G	G	W	Y
S	M	E	R	R	V	J	M	X	W	H	O	W	L
A	F	M	N	M	J	V	Y	V	C	O	M	R	L
P	M	U	W	C	W	N	J	R	D	Y	Z	B	T
M	S	R	R	P	E	K	O	E	M	B	T	L	J
O	T	W	B	N	P	T	N	J	E	P	X	T	K
C	A	R	V	L	A	P	Z	D	Q	D	Y	D	A
T	I	K	M	Y	L	C	H	E	S	T	O	X	L
Y	R	Y	T	A	L	M	E	J	T	O	E	N	T
L	S	A	N	G	W	B	P	L	R	Y	R	V	P
M	O	K	B	W	R	R	B	M	M	L	N	R	Y
B	G	J	M	Q	T	V	T	R	G	Z	Z	X	Z

PROJECTILES
page 73

L	T	R	R	R	Q	B	Q	B	P	R	D	N	Y	Y	P
L	I	N	G	E	R	I	N	G	P	O	T	I	O	N	S
A	R	J	Y	L	J	P	X	B	Q	R	D	F	N	G	T
B	L	E	Z	R	Z	Q	N	T	I	G	I	M	N	X	D
W	E	Q	N	N	D	L	X	D	M	R	M	Y	Y	D	J
O	Y	X	J	D	N	N	E	P	E	Q	V	P	B	X	J
N	E	N	R	Q	E	N	D	C	Q	Y	N	N	T	L	T
S	O	T	J	Y	T	R	H	W	O	R	R	A	Z	D	G
G	F	L	L	V	T	A	P	B	R	K	L	R	R	G	G
B	E	K	L	Y	R	Q	B	E	Y	T	L	T	E	R	D
V	N	X	W	G	P	Z	Y	N	A	X	G	J	Y	J	B
R	D	Q	E	Y	W	T	N	J	T	R	K	J	D	W	L
T	E	D	B	Q	B	Y	Z	M	L	N	L	R	T	Y	L
B	R	Q	Q	Y	R	P	N	Y	Y	G	B	L	R	L	J

INK COLORS
page 72

A	T	N	E	G	A	M	G	D	L
Z	L	T	Y	G	L	R	X	I	P
E	K	I	R	E	E	I	G	D	N
T	G	D	G	E	L	H	M	X	P
B	V	N	N	H	T	L	E	E	K
L	E	M	A	B	T	L	O	N	N
A	J	T	L	R	P	G	I	W	T
C	R	U	I	R	O	P	R	Y	G
K	E	E	U	H	Y	P	T	A	G
D	T	P	D	T	W	Q	M	D	Y

UNDEAD MOBS
page 74

Z	N	R	U	B	N	G	B	M	P	L	J	Z	B	N
O	R	O	B	X	T	X	G	T	G	X	J	J	I	B
M	Y	W	T	J	D	L	M	G	T	V	N	L	M	P
B	N	E	S	E	T	J	L	G	Z	X	G	J	Z	Y
I	O	J	K	P	L	S	U	N	L	I	G	H	T	N
E	T	P	L	C	I	E	V	Z	P	Y	L	W	M	J
V	E	T	P	X	O	D	K	D	R	E	H	T	I	W
I	L	V	T	R	K	J	E	S	T	T	N	G	G	N
L	E	D	Y	Z	Z	I	N	R	R	R	J	Q	M	G
L	K	X	K	L	F	D	N	E	J	E	Z	Y	M	L
A	S	Y	Q	I	Q	L	L	T	K	O	H	L	L	J
G	K	N	B	T	P	D	B	G	M	C	C	T	Y	V
E	Y	M	M	B	X	W	J	B	D	B	I	K	I	P
R	O	Y	M	T	L	K	I	X	K	M	D	H	E	W
Z	P	X	N	L	Q	E	Q	Y	P	R	K	K	C	Y

CREATIVE MODE

page 75

C	P	R	B	L	L	M	N	X	T	Q	Q	M	Y
O	R	T	T	Y	Y	Q	V	N	M	N	D	S	G
M	V	T	M	J	G	X	N	X	R	J	P	N	N
M	I	Y	D	X	R	D	P	J	T	A	I	J	X
A	K	N	Q	W	V	T	R	D	W	Y	R	G	N
N	C	J	V	J	E	V	M	N	L	E	P	M	B
D	O	N	L	I	X	R	E	F	D	B	N	R	X
B	L	Y	W	M	N	G	O	L	Q	W	B	I	B
L	B	G	X	Y	G	C	I	L	N	Q	D	W	M
O	K	X	R	S	J	U	I	L	P	B	V	D	D
C	C	K	P	Y	B	K	Q	B	L	X	J	N	V
K	I	P	G	R	Q	J	Z	Q	L	J	E	J	G
S	P	N	D	D	D	M	J	R	P	E	Z	M	T

DEFEATING THE ENDER DRAGON

page 77

W	O	R	R	A	D	N	A	W	O	B	D	D	Q	D	G
E	M	B	N	Y	Z	R	G	M	L	O	I	N	L	T	M
N	W	Q	E	T	Y	B	A	A	D	A	B	O	Z	R	P
C	K	W	J	N	L	Y	T	G	M	D	H	Q	K	J	L
H	E	N	L	Q	D	R	E	O	O	G	X	K	L	A	D
A	D	Y	M	R	O	E	N	N	N	N	W	R	T	W	S
N	N	N	E	P	A	D	R	O	T	A	E	S	D	L	N
T	T	J	D	S	S	E	R	M	T	Y	Y	G	L	V	B
M	B	N	K	W	O	T	P	E	E	R	N	A	G	Y	R
E	E	D	O	B	S	F	R	R	C	N	B	N	M	Y	Z
N	J	R	L	V	R	B	E	D	E	E	X	Y	G	M	N
T	D	M	V	G	U	T	N	N	R	D	T	D	T	Q	G
S	B	Y	R	C	D	E	J	I	D	O	N	Y	J	N	B
M	J	P	K	T	J	Y	F	Z	W	E	R	E	D	M	T
T	M	E	V	D	M	M	N	E	Y	W	R	D	R	B	R
P	T	J	Z	L	L	J	R	Y	W	Y	N	D	G	G	L

SURVIVING THE FIRST NIGHT

page 76

C	R	A	F	T	I	N	G	T	A	B	L	E	T
W	R	R	T	N	T	S	V	L	X	P	Y	H	J
O	K	J	T	I	W	M	R	M	L	R	G	Z	M
O	Q	P	R	O	V	R	D	G	W	I	B	K	L
D	P	J	R	P	P	W	J	W	L	T	T	Z	G
E	Z	D	J	N	M	N	K	Y	J	Z	N	L	M
N	P	K	K	W	T	G	A	M	X	W	B	P	T
T	S	L	Z	A	T	D	R	E	T	L	E	H	S
O	P	E	B	P	Y	R	J	M	Y	Q	G	J	T
O	R	E	V	S	M	M	E	J	T	I	Y	L	R
L	D	G	E	A	P	D	X	E	N	Z	P	Q	N
S	L	R	L	H	C	R	D	R	S	N	D	Q	Z
Y	T	Z	K	R	S	M	R	M	Z	G	B	T	X

DEFEATING THE WITHER

page 78

U	L	T	I	M	A	T	E	C	H	A	L	L	E	N	G	E
N	P	B	Y	Q	H	R	T	Y	M	M	Z	R	T	M	M	Z
S	E	B	N	Q	E	Y	Y	T	L	P	N	T	W	B	N	D
N	X	T	R	T	A	Q	M	Z	K	G	G	V	X	N	R	M
O	Z	B	H	Q	D	R	B	Q	N	Z	D	J	X	J	L	K
I	S	G	L	E	S	E	L	P	P	A	N	E	D	L	O	G
T	K	L	Z	K	R	Y	L	J	L	Y	G	L	T	T	Y	K
O	X	B	L	N	O	I	S	O	L	P	X	E	T	L	D	M
P	D	I	T	U	M	B	T	N	B	P	J	W	B	Y	B	R
G	M	R	B	Z	K	Q	O	E	R	L	K	M	L	K	L	N
N	L	G	W	P	Y	S	Z	M	S	N	L	N	M	Q	Z	X
I	M	B	P	P	W	P	N	R	S	W	Q	N	Z	N	Y	L
L	L	L	V	I	K	V	N	Q	R	S	O	Z	N	T	J	P
A	D	V	T	D	B	T	D	N	L	W	O	R	T	B	G	D
E	V	H	G	R	B	R	J	L	M	T	B	B	D	G	T	L
H	E	B	B	L	Y	D	N	R	B	R	B	M	K	M	Q	X
R	B	M	N	J	B	Y	N	Q	L	L	Y	L	X	Z	J	X

MULTIPLAYER MODE
page 79

C	S	M	A	E	T	P	Y	J	P	B
L	O	V	G	Q	K	S	Q	Z	T	M
A	S	M	Z	N	K	Y	S	M	Z	B
U	D	W	P	I	I	M	D	Y	J	K
G	N	B	N	E	L	F	S	X	Q	L
H	E	S	L	A	T	E	E	L	R	Z
I	I	D	E	J	R	I	Y	I	A	N
N	R	R	L	V	N	N	T	T	R	N
G	F	X	E	I	D	T	Y	I	Z	G
B	M	R	V	T	U	P	X	Y	O	M
P	J	M	M	Q	Q	B	G	D	Z	N

HEATING UP
page 81

C	O	L	B	N	J	R	J	J	Q	B	L	T	M	Z
H	T	R	P	D	P	N	P	L	T	D	M	E	D	P
A	E	N	E	Y	B	O	N	W	E	Q	K	J	U	Y
R	M	C	Y	N	B	B	H	X	Y	M	L	L	R	F
C	L	G	A	D	J	T	P	C	O	O	K	I	N	G
O	G	M	E	N	P	E	P	T	K	J	M	R	M	K
A	V	N	Y	C	R	J	R	N	T	R	B	N	A	M
L	J	R	I	I	A	U	Y	D	L	B	O	E	B	N
A	W	J	E	T	Y	N	F	B	J	J	T	P	B	M
O	D	N	Y	R	L	R	R	T	T	S	K	X	I	R
C	C	V	Q	V	E	E	X	U	S	L	Y	N	G	V
E	D	O	O	W	Q	K	M	L	F	A	G	N	M	B
J	D	T	Q	W	Y	Y	O	S	Z	O	L	V	B	R
Q	J	R	T	V	G	Y	T	M	T	M	Q	B	B	J
P	R	B	D	Z	T	G	K	N	S	N	N	J	P	M

TRAPS
page 80

E	T	A	L	P	E	R	U	S	S	E	R	P
N	W	Y	J	Q	J	P	N	D	L	R	J	V
O	A	E	T	Z	L	T	I	A	R	T	W	N
T	T	K	R	A	R	S	V	E	M	M	Z	R
S	E	Z	Y	I	P	A	D	B	X	L	W	Y
I	R	E	G	E	W	S	L	A	M	I	N	A
P	R	G	N	M	T	P	I	T	F	A	L	L
S	E	S	T	O	O	W	I	Q	W	X	M	V
R	E	N	N	W	D	B	Y	R	J	W	D	J
R	K	E	T	J	Y	G	S	T	T	B	D	B

SOUNDS
page 82

R	Y	R	G	Q	K	L	P	M	D	B	T	M	C
C	E	B	U	R	N	I	N	G	L	A	V	A	Z
S	L	T	G	N	I	N	A	O	M	K	V	M	G
H	H	A	A	N	E	T	H	E	R	E	U	N	L
R	I	G	T	W	L	V	W	Y	N	S	I	Y	J
I	S	D	N	T	R	T	R	T	I	O	P	N	Z
E	S	L	B	I	E	E	Y	C	O	M	T	L	X
K	I	K	Q	L	N	R	D	M	L	M	T	N	Y
I	N	M	R	V	K	I	I	N	L	G	K	Y	Y
N	G	R	N	J	S	D	M	N	U	R	K	J	M
G	D	X	N	C	J	X	X	Q	G	L	R	L	Y

STICKY SITUATIONS
page 83

S	J	Y	N	M	P	D	X	N	M	B	G	P
K	T	S	K	N	U	H	C	E	M	I	L	S
C	L	I	L	T	Y	I	Q	P	B	R	T	L
O	Q	L	C	L	L	R	D	Q	D	M	R	L
L	J	D	A	K	A	Y	D	E	X	J	R	X
B	S	X	D	M	Y	B	D	W	M	Y	X	T
Y	N	B	Q	Y	S	P	E	Y	N	G	B	V
E	Y	Z	E	L	Q	L	I	M	Z	R	Q	M
N	J	W	I	W	L	T	M	S	I	L	Y	Y
O	R	M	R	K	B	N	R	M	T	L	L	J
H	E	V	M	R	W	O	J	D	W	O	S	G
Q	D	N	K	W	Z	T	C	Y	N	R	N	G

PIXEL ART
page 85

C	P	V	G	B	G	X	Q	L	V	P	X
O	A	J	Q	D	I	R	G	N	P	B	T
N	M	T	T	Q	T	T	L	Y	L	E	Y
C	J	Q	W	T	Q	R	T	U	R	L	L
R	Q	N	D	N	M	T	F	R	X	O	T
E	J	Q	B	B	B	R	A	R	O	V	M
T	K	X	S	L	O	C	Q	W	Q	P	Q
E	Z	T	T	L	O	X	S	T	L	Y	K
G	Y	Q	O	T	E	C	B	L	B	L	R
T	Z	C	T	F	A	X	K	T	L	L	D
B	B	A	T	L	U	Y	I	S	Y	M	M
M	R	J	E	M	T	N	Z	P	V	W	R

SUPER STRENGTH
page 84

K	C	O	L	B	D	N	A	M	M	O	C	M
E	L	B	A	K	A	E	R	B	N	U	D	Q
G	K	T	D	R	O	G	D	R	N	Y	B	T
A	G	C	Q	N	N	B	R	G	T	T	J	T
M	G	T	O	I	N	R	S	I	D	K	L	A
A	L	D	D	R	M	G	L	I	Z	Y	R	J
D	Q	N	I	N	D	I	R	D	D	M	R	D
D	E	Y	J	A	B	E	V	N	O	I	B	N
M	L	D	V	A	M	L	B	R	Q	M	A	Q
D	T	L	R	Z	B	O	L	Y	Z	V	T	N
R	K	U	R	W	B	Y	N	B	J	Z	R	M
Q	D	X	D	Z	J	X	R	D	B	B	D	B

ZOMBIES
page 86

B	D	R	O	W	N	E	D	R	Z	R	L
A	S	J	E	P	H	V	V	M	V	K	R
B	K	R	Z	V	G	O	N	G	C	O	J
Y	S	R	J	R	A	D	S	A	T	P	J
Z	U	D	E	S	A	C	T	T	S	Q	G
O	H	E	V	E	T	T	E	U	I	R	V
M	N	P	D	M	A	N	N	N	O	L	Y
B	T	N	O	D	F	L	A	S	R	Z	E
I	U	A	W	L	I	Y	S	I	Q	U	M
E	N	P	E	G	M	N	K	Q	G	D	B
P	Y	S	H	N	D	R	W	T	N	D	G
N	H	T	W	B	N	N	B	L	Y	J	Q

GUARDIANS
page 87

E	T	U	N	D	E	R	W	A	T	E	R	D	S
L	S	N	P	D	P	Q	G	Y	M	N	J	P	L
I	L	W	E	P	D	R	Z	R	M	R	I	B	D
T	A	H	I	M	R	J	R	T	L	K	G	G	X
S	T	J	S	M	U	I	L	A	E	Z	E	Y	E
O	S	W	W	I	D	N	S	S	N	Q	B	K	G
H	Y	G	P	M	F	E	O	M	P	L	K	S	B
M	R	R	W	B	R	R	W	M	A	J	D	W	N
T	C	V	W	B	P	T	E	V	N	R	M	Y	Y
B	T	V	E	L	M	B	K	F	A	A	I	B	X
B	J	A	B	W	Q	M	J	H	F	W	E	N	Y
Y	M	W	N	M	M	P	S	Y	T	U	N	C	E
Y	D	N	R	J	R	M	B	Y	L	Y	P	D	O

GETTING WARMER
page 89

T	O	R	C	H	J	B	T	S
Z	Z	E	G	P	L	W	L	Y
R	R	N	C	A	L	L	T	N
N	P	T	Z	A	A	A	U	Q
E	E	E	Z	B	N	S	V	B
R	W	T	E	N	W	R	L	A
I	Q	R	H	M	J	J	U	M
F	I	B	K	E	P	L	V	F
F	Q	L	M	Y	R	V	R	Z

CHILL OUT
page 88

M	E	C	I	D	E	K	C	A	P	S	L	K
E	K	R	G	A	N	D	T	W	N	X	X	L
L	P	L	E	N	G	D	U	I	O	T	X	T
O	O	S	J	K	Y	I	A	T	Z	N	U	J
G	L	Y	N	Y	L	T	A	S	I	N	S	J
W	A	I	L	O	N	A	N	T	D	T	D	T
O	R	D	C	U	W	O	W	R	J	Y	L	T
N	B	S	O	E	W	B	A	T	N	G	V	A
S	E	M	O	B	B	M	L	R	S	G	M	L
N	A	M	A	O	D	L	T	O	Y	O	Q	Y
T	R	L	R	J	L	P	O	T	C	D	R	N
B	L	V	X	X	G	G	Y	C	Y	K	R	F
L	T	B	B	Y	B	J	I	Y	K	L	D	Y

FENCES
page 90

N	E	T	H	E	R	B	R	I	C	K
B	W	O	O	D	E	N	A	N	M	R
I	Q	N	Q	X	E	I	E	P	Q	G
R	B	L	D	C	C	P	T	J	J	B
C	Y	Y	U	A	L	E	U	T	Y	T
H	T	R	C	A	R	N	T	V	Y	L
Z	P	A	M	L	G	K	K	A	P	Y
S	B	I	D	L	N	D	O	B	G	M
T	N	N	E	K	A	O	Y	A	M	T
A	Y	W	M	B	M	M	V	M	K	P

NOTE BLOCKS
page 91

S	S	A	B	D	M	Q	M	D	Z	M	O
O	G	Y	M	M	L	Z	D	P	T	O	J
N	D	E	V	U	B	E	P	T	D	T	M
G	Y	R	N	H	S	Y	R	I	N	T	N
W	D	J	A	O	R	I	R	A	B	R	C
R	V	R	R	D	H	E	C	N	N	O	N
B	P	N	Y	N	G	P	R	D	W	S	Y
T	A	M	Z	D	K	J	O	B	I	L	N
R	Q	N	I	T	Y	T	E	L	Z	S	B
N	B	D	J	Y	Y	L	R	P	Y	M	C
M	Z	Z	B	O	L	R	M	X	J	X	N

TRIDENTS
page 93

D	E	T	N	A	H	C	N	E	V	V	L
T	Y	X	E	G	Q	L	S	J	J	Y	Y
Q	J	R	P	D	J	N	K	T	T	R	Y
L	W	L	R	M	I	X	J	I	A	T	R
M	E	L	E	E	D	T	M	L	L	B	R
T	D	T	T	W	D	P	P	A	J	D	S
H	D	U	P	B	A	E	Y	I	Z	W	X
R	Y	L	R	L	M	O	N	L	R	G	G
O	K	L	I	A	L	T	Y	W	T	Q	J
W	V	N	M	N	B	V	N	G	O	D	T
K	G	K	N	M	P	L	R	X	M	R	Q
R	Z	D	V	D	L	Z	E	L	D	L	D

SKELETONS
page 92

W	I	T	H	E	R	S	K	E	L	E	T	O	N
S	D	L	Y	K	L	T	X	L	N	C	Y	K	D
U	Y	S	W	O	R	R	A	R	H	D	N	L	D
N	L	M	D	N	L	Z	P	A	Q	Y	R	R	B
L	D	B	X	R	N	Y	S	X	B	Y	Z	Q	Y
I	D	G	O	K	O	E	Q	O	L	B	Q	K	P
G	T	Q	L	N	D	W	N	N	S	B	N	T	R
H	L	J	R	R	E	E	S	H	R	N	W	J	D
T	Q	N	W	N	S	M	O	E	N	U	L	M	D
P	W	K	J	B	D	O	E	Y	N	N	B	G	Z
B	T	N	K	D	T	D	B	A	L	O	Z	K	T
P	Y	P	T	J	M	L	K	T	L	X	T	R	B
Y	M	Q	D	D	P	G	W	L	R	T	J	S	N

ALMOST POINTLESS POSSESSIONS
page 94

N	D	I	A	M	O	N	D	H	O	E	P	L
D	E	Q	D	X	R	E	O	H	N	O	R	I
N	N	T	X	R	S	A	K	D	I	R	D	J
W	C	X	H	P	A	J	F	S	N	E	J	P
N	R	L	O	E	P	G	O	T	O	Y	B	J
K	B	N	O	D	R	N	O	H	A	Q	X	W
P	G	N	J	C	P	I	N	N	M	B	Z	R
E	T	B	N	O	K	E	T	B	E	V	Y	Q
B	J	B	T	G	D	D	D	E	N	G	R	N
Q	T	A	B	L	P	P	L	B	H	Q	G	V
D	T	V	O	R	Y	W	R	R	M	O	R	J
O	D	G	L	R	M	Q	W	W	K	G	E	Y

STEVE AND ALEX
page 95

E	X	P	E	R	I	E	N	C	E	P	O	I	N	T	S
W	T	N	Y	P	S	W	T	R	G	Q	R	P	M	L	V
R	A	B	Q	N	Y	N	P	A	R	D	Y	Z	J	L	P
B	Q	L	A	Z	D	N	L	F	B	T	Y	R	N	L	L
D	M	M	K	N	M	N	B	T	B	L	Y	J	X	B	N
P	U	G	R	X	H	E	A	L	T	H	B	A	R	J	J
H	L	D	M	R	U	R	R	M	E	K	J	V	L	N	Q
T	K	A	T	N	N	X	B	V	D	E	F	A	U	L	T
B	Q	B	Y	V	G	Z	I	T	Z	J	N	T	N	J	M
Q	U	X	J	E	E	V	Z	X	B	I	N	B	R	X	M
S	G	I	Y	G	R	J	D	N	G	I	J	D	G	G	D
J	K	M	L	U	B	S	R	I	R	M	V	U	J	R	L
N	T	I	S	D	A	M	R	P	Y	X	V	T	M	G	K
T	B	T	N	N	R	O	S	X	N	L	N	Y	T	P	R
X	B	M	M	S	P	Z	G	V	N	G	P	L	G	L	N

RARE FINDS
page 97

J	Z	T	O	T	E	M	O	F	U	N	D	Y	I	N	G
A	N	C	I	E	N	T	D	E	B	R	I	S	V	E	K
E	L	S	H	T	T	B	N	T	Q	V	S	M	L	V	B
P	M	R	L	O	D	Q	L	L	Z	L	L	D	D	L	D
I	N	E	R	I	R	R	M	A	R	R	D	L	B	L	P
N	A	B	R	M	M	S	A	A	Z	A	L	Q	L	R	Y
K	M	X	L	A	N	E	E	G	S	E	P	B	N	D	Q
S	E	D	Q	P	L	P	B	A	O	J	R	D	N	J	Z
H	T	L	N	T	R	D	Q	A	R	N	D	O	D	K	Z
E	A	J	Q	E	T	X	O	D	L	M	E	J	D	X	J
E	G	K	D	K	R	Q	G	R	M	L	O	G	V	Z	Z
P	S	N	K	N	Y	R	X	T	E	G	S	R	G	B	T
L	E	Q	X	K	R	M	R	T	D	R	J	R	Y	Z	V

WOODLAND MANSIONS
page 96

T	O	T	E	M	O	F	U	N	D	Y	I	N	G
D	S	E	C	R	E	T	R	O	O	M	S	B	K
V	A	C	O	B	B	L	E	S	T	O	N	E	P
I	X	R	W	E	J	G	R	T	Y	N	S	Z	B
N	J	X	K	L	X	E	Z	Z	Y	T	Y	K	J
D	T	D	W	F	K	P	Z	R	S	L	Q	W	T
I	X	M	L	O	O	G	L	E	P	K	D	Q	P
C	J	Y	V	R	X	R	H	O	A	B	Y	B	D
A	K	E	M	Z	K	C	E	O	R	Q	Q	Y	Q
T	Y	T	Q	V	T	M	K	S	V	E	D	K	Y
O	T	B	J	O	Z	R	V	Y	T	B	N	R	L
R	P	B	O	Y	A	W	T	B	M	S	T	Q	J
S	T	L	Q	D	Z	W	N	M	B	Z	M	V	B

DIAMONDS
page 98

E	L	B	A	T	G	N	I	T	N	A	H	C	N	E
X	L	Z	P	L	N	X	G	L	L	D	J	V	Y	R
R	K	O	L	I	B	T	T	Y	I	J	A	Q	M	Y
A	B	R	O	N	C	Y	K	A	M	L	Y	J	V	X
R	R	T	D	T	L	K	M	Z	U	N	Y	N	Z	D
E	X	P	A	L	C	O	A	A	Y	R	Y	D	B	Q
M	W	O	Y	R	N	H	B	X	J	P	J	B	L	V
D	K	Z	B	D	M	L	E	Y	E	L	M	Y	K	T
N	U	L	O	E	E	O	N	S	R	R	Z	Y	R	Q
Q	M	R	M	N	K	Q	R	D	T	Q	Q	D	K	L
J	E	Q	A	Z	T	U	R	R	Y	X	M	Y	K	Z
V	Q	T	L	B	R	N	J	O	Z	N	D	V	Q	L
Y	P	M	Z	B	L	Q	N	W	R	Q	L	L	K	D
X	L	N	G	L	N	E	Y	S	G	T	Q	V	T	Y

IRON GOLEMS
page 99

S	W	I	N	G	I	N	G	A	R	M	S
Q	K	M	K	B	B	N	J	T	M	L	Y
S	Y	C	G	N	I	W	O	R	H	T	T
L	E	R	O	K	O	G	B	P	K	N	R
V	M	I	P	L	N	M	R	D	E	N	Q
V	I	M	P	I	B	O	M	U	Q	B	L
G	U	L	N	P	T	N	T	U	J	W	N
P	U	O	L	E	O	R	O	G	S	R	M
K	R	A	C	A	A	P	Y	R	W	R	D
I	K	T	R	L	G	Y	Q	L	I	N	Y
Q	G	L	L	D	Y	E	Y	T	W	D	R

BABY ANIMALS
page 100

B	P	F	B	T	T	R	T	N	H
P	A	T	O	W	M	E	P	A	J
U	N	B	L	A	L	L	T	M	T
P	D	Q	Y	G	L	C	Y	I	R
F	A	K	I	S	H	N	K	Q	C
L	C	P	L	L	Q	X	Q	H	N
O	U	D	I	C	O	U	I	M	R
W	B	N	A	F	J	C	I	M	T
T	G	L	R	W	K	D	R	D	P
Q	F	M	L	B	Y	J	Y	W	Y

GHASTS
page 101

S	O	U	L	S	A	N	D	V	A	L	L	E	Y
P	F	X	G	J	C	S	J	S	Y	B	M	Z	K
O	Z	I	T	U	R	R	E	N	E	T	H	E	R
T	D	J	R	A	N	L	E	E	Y	N	R	L	D
I	W	F	E	E	C	P	L	E	Z	B	X	V	R
O	G	T	L	A	B	I	O	B	C	X	Z	J	Q
N	J	W	T	O	T	A	D	W	Q	H	G	R	X
S	D	N	H	S	A	K	L	Q	D	Q	Q	M	T
R	E	Z	O	I	Y	T	P	L	M	E	K	V	W
T	M	H	M	Y	T	V	I	X	S	L	R	B	Q
Y	J	K	R	M	M	E	T	N	T	Z	K	D	P
G	D	G	D	Y	X	B	V	Y	G	W	P	Y	T

ENDERMEN
page 102

N	I	K	P	M	U	P	D	E	V	R	A	C
E	L	T	M	T	Y	L	L	M	E	Q	B	J
L	Y	T	R	M	A	P	M	N	Q	B	D	T
E	V	E	K	O	R	L	D	D	L	N	P	B
A	J	G	C	U	P	E	L	O	D	J	J	T
N	X	Y	P	O	R	E	C	N	Z	L	B	P
Y	M	P	R	P	N	K	L	K	C	A	L	B
Y	A	J	E	R	S	T	Q	E	G	V	G	L
X	E	A	D	X	A	L	A	Q	T	R	G	Z
M	R	J	Z	Y	Z	C	P	C	W	L	T	Y
L	C	D	R	X	T	J	G	J	T	P	L	R
D	S	B	M	B	L	R	R	M	L	X	V	X

TAMING ANIMALS
page 103

T	A	M	A	L	L	L	R	V	K
O	Y	D	S	T	Q	I	R	Y	P
R	H	Y	E	F	D	N	E	R	Z
R	E	P	E	E	O	S	Q	L	N
A	A	F	D	K	R	O	M	Y	X
P	R	L	S	O	N	U	D	L	D
R	T	O	H	W	L	O	C	A	T
B	S	W	B	E	W	X	D	B	Q